U0148302

闻道学术作品系列

程明川◎著

道谭

安徽师范大学出版社

ANHUI NORMAL UNIVERSITY PRESS

·芜湖·

图书在版编目(CIP)数据

道谭 / 程明川著 . — 芜湖：安徽师范大学出版社，2022.9
（闻道学术作品系列）
ISBN 978-7-5676-5862-2

Ⅰ.①道… Ⅱ.①程… Ⅲ.①中华文化—研究 Ⅳ.①K203

中国版本图书馆CIP数据核字(2022)第181216号

道 谭
DAOTAN

程明川◎著

丛书策划：戴兆国　　桑　农

责任编辑：陈　艳　　　　责任校对：祝凤霞　李　娟

装帧设计：王晴晴　　张德宝　责任印制：桑国磊

出版发行：安徽师范大学出版社

　　　　　芜湖市北京东路1号安徽师范大学赭山校区

网　　址：http://www.ahnupress.com/

发 行 部：0553-3883578　5910327　5910310(传真)

印　　刷：安徽新华印刷股份有限公司

版　　次：2022年9月第1版

印　　次：2022年9月第1次印刷

规　　格：880 mm×1230 mm　1/32

印　　张：6.875

字　　数：118千字

书　　号：ISBN 978-7-5676-5862-2

定　　价：36.00元

凡发现图书有质量问题，请与我社联系(联系电话：0553-5910315)

道谭者，乃谭道也。古语谭有多义。一曰延，《管子·侈靡》曰："上短下长，无度而用，则危本不称，而祀谭，次祖。"谭、祖相近，义为绵延相即。二曰宏，《大戴礼记·主言》曰："富恭有本能图，修业居久而谭。"谭者大也，业安而久则大矣。三曰论，《庄子·则阳》曰："夫子何不谭我于王？""谭"与"谈"字同义，意为谈论、谈笑。

道者，天地万物循从之理。理有万方，故谭道难矣。如能见道之一端，论理之一偏，也是谭道者之功。吾日观一物，夜思一事，间或有悟，勉为录之，亦是道之一隅耳。悟者自悟，道者自道，谭之何益？然此谭既出，或可认作道之自谭欤？

道语谭辞求简约，意在明处世之法。《孟子·离娄》曰："博学而详说之，将以反说约也。"博而能约，为学问之正道。古语老生常谭，今或曰道谭乃新生常谭也？外国者有天方夜谭、十日谈云云，此道谭或谓地方昼谭，或延至十日外，亦未可知也！

目　录

一　生之道

一

三　世之道

四　学之道

一生之道

1.1 理想与生活

道语

生活的理想常想常新,理想的生活常新常想。

谭辞

人的生活以生为前提,以活为内容。能生存者,方能够言及如何活。因为求生存、求活转,非得有理想不可。理想者,生活之明灯,生活之路向,生活之指引。然理想非与生俱来,人当于生活之不同阶段有不同之理想。生活之理想因有父母之期盼、老师之激励、自我之反省、社会之磨砺,才有时时常新之态。理想之新非谓变置、抛弃已有之理想,是应时代之变化而有理想的新内容。时代有变,生活有变,理想自然有变,然而于理想的追求不可变。人类自整体直至个体,求真、求善、求美之理想永恒不变。生活之新,理想之新,皆不可离弃真善美之共有理想。

1.2 悟之道

道语

　　人能面对心灵之痛楚,能做出生命之抉择,才有可能悟得出,悟得实。

谭辞

　　生命之悟,乃在于对天地万物、社会人生之道的体认和把握。我辈众生虽有悟心,然不遇非常之艰险,不受非常之痛楚,不做非常之抉择,势必难以显出,难以落实。心灵为一性海,生命为一心海。人悠游于其中,必遭大风浪,大颠覆。风浪翻滚中,我辈能定,悟心就可以发出。悟心者,非日常泛思之心,乃坚忍不弃之心,乃直面生命起伏之心。悟心全在身心之调适间。

1.3 成就自我

道语

　　人是为了做什么而来的，人是为了成就他的自我而降临人间的。

谭辞

　　人生此世乃宇宙中奇妙不已的事件。人来此世自有人的使命。人须于此生此世有所贡献。人的自我成就要为他人、为众生、为自然万物的持续存在而努力。人的降临不是一简单的神异的事件，而是宇宙之心的创造。认识自我、理解自我、提升自我、完善自我，是至简生命之道。

1.4实相

道语

　　人的一切好恶、一切价值、一切意义，都可还原为一种实相，而不必赋予其他的东西。这就是一种道的精神。

谭辞

　　一论好恶就有取舍，一分取舍就有估价，一有估价便有计较。人心之抉择，动机发动，过程漫延，也有目标指向。其间虽千变万化，然而不过虚幻之影。世事本如此，万般皆无为。人若将自我的选择与意义强行投射于他物之上，便是一种着相。世间无虚相，漂浮之人生远离实相。实相者，本于道，生于道，归于道。人生之道，在一实字耳。

1.5生活之道

道语

　　人生技能需日积月累,由熟而巧,由巧而熟,方到能活的境地;人生价值需千锤百炼,自我及人,自人及我,才至会活的场景;人生智慧需日生日成,转识成智,转智成识,终达善活的境界。

谭辞

　　人能活,生命可以延续,然亦需生存技能的学习和积累。生命之延续不在一时,而在一世。天地赋予生命有相当长的时段。在此生命历程中,人人皆需努力求生存,巧妙而熟练的生活离不开对生活的热爱和追求。人会活,生命可以精彩。生命的精彩不会时时出现。人生乃至人类价值追求,难以达到圆满一致。价值追求的偏狭,甚至对人类创造价值的背离和毁弃,都将阻碍人生,消减人生的精彩。人善活,要历经无穷的努力和选择,这是人生智慧的彰显和运用。知识化为智慧,智慧化为可用的知识,这是求生存的善境。能活者在技能之熟,会活者在价值之成,善活者在智慧之显。

1.6 能与明

人皆有能,若言无能,定为开脱;人皆有明,若言无明,亦是自堕。老子言百姓皆曰我自然,孟子论非不能乃不为也,可于此并论之。

人有不努力、不上进者,人更有自甘于堕落、陷于无尽之愚暗中者。此辈皆有开脱之词,自嘲之论。无能者,实是不作为;无明者,实是不睁眼。四肢怠惰,仰赖他人,以自我为能低力下。愚暗不学,浑噩度世,以自我为目盲心痴。老子论道法自然,孟子论自暴自弃,皆是对世人警醒之语,然总有不识者。能力高低有别,然人人皆可以求能,智慧大小有分,然人人皆能够求智。所求之得虽有大小,于个人论之,总在改进之中,此为人之本来面目。

1.7 在世与人生

道语

人本在世，出世和入世之说皆为妄语。人可隐世、避世，却不可逃世；人可怀世、忧世，却不可弃世；人可知世、治世，却不可造世。人生永远在世，在世不离人生。

谭辞

人之在世，属一本体论的事实，无可造作。以此论世，则人无可出世和入世，因世本与人为一统体，无可虚拟，实无分处。然自人与世事之关系论，人有可隐可避处，却无可逃处，人人无所逃于天地之间。人有可怀可忧处，却无可弃可离处，人人皆自我主宰。人有能知、能治此世之可能，但无造作此世之机会。人之造作必有分寸，分寸者世事之规矩也。因人生在世，故人生须努力护持此生此世，往世来生即在其中也。

1.8 人之真

童年之真,在于天然,不可过于雕饰;青年之真,在于自然,不可过于拘限;中年之真,在于勉然,不可过于遮掩;老年之真,在于实然,不可过于僵化。

谭辞

童年有童心,童心者无邪无正之心也。童年要放任天然之姿态,近山川日月,亲人间冷暖,以稚子之心对待生命之成长。童年不过十几春秋,切不可以世故人情玷染其心。青年乃人之生命激越之阶段。因青年期多狂想激态,故需自然大方,通畅淋漓,不可陷入拘谨。中年于日月流转多有体认,仍需持续努力,以备生命相续往前。岁衰之日,本生命之周期,当以坦然之心对之,以实然之状面之。躯体虽趋于僵化,然思想与心灵却要松弛温柔,以俟天年。

1.9 劳动与人生

道语

无劳动则无人生。厌劳动则厌人生,弃劳动则弃人生,爱劳动则爱人生,喜劳动则喜人生。劳动即人生,人生即劳动。

谭辞

劳动身心为人生命之必需,奠定人生之基础。喜爱劳动者,人生精彩至极。劳动能创造一切,人生之追求莫不于劳动中获得之,满足之。厌弃劳动者,人生灰暗之至,凋敝之至。懒惰能毁灭一切,人生之幻梦莫不于懒惰中生成之,破碎之。劳作身心,运动身心,无一害而有百利。人生因劳动而挺立,人类因劳动而伟大。马克思氏曾言,劳动乃生命之表现与证实。

1.10 不惑之人

道语

思今追古之心，近虑远忧之情，下学上达之识，临渊履冰之念，自省躬行之态，有此五者可谓不惑之人。

谭辞

能堪得破时空之人，即为不惑。穿越古今，贯通远近，对人生之方位必有确切之体察。当此之时，以求学问致通达为导向，戒慎恐惧，亲历亲为，人生可无疑惑。然人生不可无惑，当能识见之，把握之，破解之，此类皆需吾日三省吾身之姿态。遇惑而解，感惑而释，离惑而去，此真不惑也。

1.11 淡

道语

志淡方可远举，气淡方可平和，情淡方可久恒，心淡方可仁静。人能著一淡字，便是四季分明。

谭辞

志不可浑浊不清，气不可混沌不楚，情不可迷乱不明，心不可险恶不白。志气情心，清楚明白，乃人生四季。立志、持志，以清淡为始，如江河之源，清纯无比，然其志在奔流千万里，终至大海复归于清。气伴志行，情伴气生，心赅一切。一如江河之流，以清白始，以清白终。江河间有浊流，以寄鱼鳞之属，水清之质不因之而改也。《晏子春秋》云："竹直心虚乃吾友，水淡性泊是我师。"《礼记》云："君子淡以成，小人甘以坏。"

1.12 质朴

道语

五味源于平淡，五音起于平声，五色本于纯白，百行根于诚真。君子彬彬，作于质朴。

谭辞

饮食之有五味，一如人生之有百味。如无淡味，则一切味道皆不可得而尝也。于百千种滋味中回归平淡，乃护持身心之要。音声、色彩亦然，绕梁之音，炫目之彩，皆以平白为参照。君子之行，不在求轰烈。君子举止无尽，出自于真诚则为人生之本。真诚到底即是质朴，人有质朴在，百行千态皆自然，真乃混沌未凿之势也。

1.13 人之规模

道语

人生当先立定规模,后才能悠游于人世。规模譬之基础,基础宽阔,方能造就高楼;基础偏狭,便已失去气量。规模者,人之大也。

谭辞

《前汉书平话》卷上:"元是寒门一壮夫,穷通文武有规模。"人之规模,乃人所具备的才具气概。工匠之能起高楼,亦有赖奠基之规模格局。人于成长时,时刻关注才具之养成,气概之培育,格局大定,方有成器之日。不思格局,气量偏狭,才具简陋,则规模难以宽大,人事难齐。人当如皇堂奥室,有大丈夫气概,则不枉此生此世。

1.14 守望之道

道语

　　心放宽,念想平,性修真,情处淡,人生便可得守望的田园;名收起,利放下,位弃置,功舍得,人类便可获守望的家乡。

谭辞

　　心中之念,置之衡平,莫妄生波澜,于宽处处。性中之情,姿态淡定,莫故为曲折,于诚际寄。人人得平心,修真性,乌有之乡,恬静田园,即在身边。不为名利之念所缚,不受势位之变所羁,守望心灵,则人间处处是家乡。白乐天云:"我生本无乡,心安是归处。"东坡居士亦曰:"此心安处是吾乡。"

1.15 体操与思维

道语

体操是身体的思维,思维是精神的体操。运动之美在和谐,身随意转,身心同体;精神之美在创造,心动身移,心身圆融。

谭辞

人有身心,身心之运转各有方向。体操者,身体之运动也。思维者,精神之运动也。身心运转,相对相应,互为表里,非悬隔不通。身体之运转实受精神之支配,精神之灵动必有身体之相随。身体活动运转之美以和谐为的,其姿态万方,无穷尽也。精神发动运转之美以创造为要,其方向万千,无止尽也。运动不纯为身,思维不纯为心。身心之态本一体,圆融者为最高之境地。

1.16 人如水

道语

人之初如山之泉,清澈纯净;人之长如河之流,激荡浑浊;人之成如海之沤,波起浪涌;人之去如水之轮,往复无形。

谭辞

人有生长成去,生则有始,去则有终,然人于终始之间非以存亡论。以水譬之,水之相存于世,其态虽各有差别,然其存则属恒久也。初生之人,如泉水出山,清纯无间,因性之初始然也。人生之成长,虽经磨难曲折,然终归于向前。江河之水虽有激流,且呈浑浊之相,然水性下流,一往无返。人之成,无论大小,均有海水之相,其沤激越之态不同耳。大成者众沤,小成者细沤。水无增减,势变则形变。人无生无去,故言往复。此论可祛宗教中迷信之念。迷信者非正信也。

1.17 万物之子

道语

人为地球之子,万物之子,宇宙之子,自然之子,当尽陪护、看护和养护地球、万物、宇宙、自然之责任。

谭辞

此论一反人为万物之灵说。古今中外所论人为万物之尺度,万物之主宰,皆陷于一偏,致使人心托大,人类文明之走向愈来愈远离自然之家园,人类生存之地球亦遭毁坏之虞。人之弃离万物,必致人与万物同罹劫难。人本源于自然之演化,万物之创生,宇宙之奇迹。人之有灵长之态,灵秀之气,实乃为万物之伴侣。人之责在看护万物之生,养护万物之长。人能与万物共生共在,确乎为一尽职尽责之宇宙生灵。

1.18 青春之道

道语

青春乃青年人之春天,亦为人生之春天,更为人类之春天;不失青春之心态,便不失人生之希望,不失人生之未来。青春乃人生之朝阳。

谭辞

青春者,生命充满阳光雨露之际。完整之人生莫不有青春韶华,朝阳乐章。青春之人,可发生命之无尽活力,激活生命之无限生机,激荡生命之无穷气象。一人之青春为一人之光彩,众人之青春为人类之华章。珍爱青春岁月,耕耘青春田野,播种青春希望,畅想青春理想,为生命之自然勃发。太阳者,地球生命之源泉。青春者,人类生命之源泉。

1.19 天籁

道语

文为众生之情,画为自然之色,舞为万物之容,乐为天地之籁。

谭辞

文章是言语文字之集成。写情之文字含蕴众生之生态与心态。发乎真情者有真文字。虚浮矫饰之文,遮掩真情,导引虚伪之人情,其弊无穷。人之绘画、舞蹈、奏乐,皆为发人之真情,其追求在生活之美。画者乃于平实之空间中表达美,为自然之美色于人情中流露。舞者以身心之流转表达美,舞者若能与万物共翩跹,可与万物之容态相呼应。声音之美源于天地之籁,人籁以此为本,情发于声,即为乐。乐者乐也,乐之美在愉悦身心,天下共乐。古人言:天籁不来,人力无为。

1.20 自然供养

自然供养万物，万物谐于自然；得自然之道则得生命之道，得生命之道则得万物之道。生命之长养，万物之演化，皆于自然供养中实现。

谭辞

万物存在虽有不同的活动层级，然皆共存于自然的无限场域之中。此自然非仅指地球之自然环境。以自然之无限论，地球亦受此无限自然之供养，如太阳之光照，星系之引力，宇宙之射线。地球之生命万物所得之供养，无一不源自此自然。生命源于自然供养，生命之道不可离自然运化之道。无穷生命之衍生，无穷事物之变化，无一能够脱离无限自然之场域。自然供养人，人类亦须熟谙供养自然之道。此所谓自然之道与生命之道于无穷气机中得统一。

1.21 生生之道

道语

　　生之存,生之活,生之美,生之善,皆以生为本,而非以命为本。生命者,生而命,非命而生。以生为命者,必能超于命定。以命为生者,必将限于命定。生生者有命,命命者脱生,此乃长生久视之道。

谭辞

　　世间生物之存活,生态之美善,皆以生存为根本。生物之生有其命。然此命非定命,乃因生而得此命。无此生则无此命。俗言外在于生,先天之命,皆离生存之根本。生生者,于生存中求生化长养之道,非于一限定之命中求解脱抽离之道。生命者本于生,命乃生命演化之终极相。人当以生为生,莫以命为生。

1.22 五命相因

道语

　　命有身命、慧命、德命、福命、寿命。身命当取自然之道,可得身命之养成;慧命当取智慧之道,可植慧命之根成;德命当取践行之道,可获德命之善成;福命当取配享之道,可有福命之圆成;寿命当取相续之道,可续寿命之天成。五者相因相成,相持相长,相得益彰。

谭辞

　　常言命者,却不识命为何物。人之命当析分而论,笼统说命,实难得命之理。析命为五,非认有五命,此兼说之论。五者相因相长。身要得自然供养,身形持续,为命相之基础。学思乃增长智慧之道,智慧者生命之光。修德即修身。人生之福要培植,享福者必赖其有身。寿命所示为生命延续之相。俗论只认寿命,不知身命、慧命、德命、福命原为一体。养命之道,非易矣哉!

1.23 水与石

道语

水者，至柔不争之物，善变而无定形。石者，坚固突出之物，持守而难变态。以水投石，覆水不可收，水去石存。以石投水，坚石不可变，石存水兴。君子当有水之柔态，石之坚性。遭际之时，常以石投水，勿以水投石。

谭辞

李萧远《运命论》曰："张良受黄石之符，诵三略之说，以游于群雄，其言也，如以水投石，莫之受也；及其遭汉祖，其言也，如以石投水，莫之逆也。"以水投石，是以柔下之物遇坚固，水虽散于石旁，然于石固无影响。此因水之性无可改石之性。人虽曰，水滴石穿，亦不过穿一孔耳，石固然不变其本色。以石投水，是以坚固之物遇柔下，水虽无受之理，然石入水中，必能变水之态。大石投水,可激波澜,兴风浪。小石投水,可成涟漪,成兴味。石入水中,虽浸染无遗,石依旧葆自有之形态。

1.24 护养生命

道语

身心一体,可得生命的护持;德慧双修,可得生命的长养;福寿一如,才是生命的配享。

谭辞

护命、养命、享命,皆为生命之道。身体乃生命之基质,心灵乃生命之导引,护持身心,是培植生命的本源。德性涵养生命,智慧激发生命。修成德性与智慧,是长养生命的通衢。积福延寿,非生命之本相。人于福寿,若能配享,方为真福真寿。纵有资财无尽,年岁漫漫,若无享乐的感受,亦是生命的枯燥,而无生命的滋润。生命的护持、修养,即是配享的功夫。三者相因相成。

1.25 苦与乐

身体之苦乐,乃生命之造化。生命之苦乐,同根同源,相伴相生。无苦则无乐,无乐则无苦。视苦如乐,视乐如苦,方能摆脱苦乐的浅识。以苦为乐,以乐为苦,才是消解苦乐的功夫。

谭辞

健全之身体,其所感觉者有众多方向。生命有苦乐境地,此为本然之状。人以舒适松弛为乐境,以困窘紧迫为苦境,感觉之差异耳。天地造化生命,即以多重表现力为生命之内容。常人以趋乐避苦为方向,殊不知舍去了生命的意味。感受极苦处,即是乐境。自诩极乐地,却是苦兆。知苦乐非为生命运转之范围、界限,便能化苦为乐,超越苦乐颓俗之境。

1.26 性与命

道语

性命者为人之本命。本命即人之本有之命。性命之要在于由性而至命,非由命而至性。性命者,性其命,非命其性。识此,可谓知性命乎?

谭辞

性命者,以人之成性为先,此成人之前提。性之日生日成,遂演为命。命乃人性无穷运化之结果。以命为先天,乃颠倒性命之辞。由性之习而渐至命化,此正性命之途。故《孟子》曰:"口之于味也,目之于色也,耳之于声也,鼻之于臭也,四肢之于安佚也,性也,有命焉,君子不谓性也。仁之于父子也,义之于君臣也,礼之于宾主也,知之于贤者也,圣人之于天道也,命也,有性焉,君子不谓命也。"人常以口目耳鼻四肢所求为本性,夸张恣肆,终日陷于其中,不知命本非为此。仁义礼智圣的事业看似难以企及,然此却为人之为人的底色。人人于此能够奋斗精进,方为本性的实现。此理虽明,践行之不易。平俗之人,黯于性命,不知者众矣!

1.27 心动之道

道语

　　心血发动生命，激起生命运动的力量。心气鼓动生命，激越生命活动的势头。心志催动生命，激发生命灵动的潜能。心血、心气、心志，乃生命跃动的力、势、能。

谭辞

　　人之生有力、有势、有能。力者源自心血之流动，心血为生命运动之基质，此乃身体之本态，亦为生命气质之源态。心血涌动，心气发动，鼓动生命。心气充盈，四肢百骸可成无限活动之势。人生之势非借心气不可，气馁者生命无势。人生之能在心志，心志乃内在于身心之能。心志催动生命，实乃激发生命无尽的潜在之能。人之生赖心而动，心有力、势、能，析之为三，合之为一。

1.28 天地之心

道语

天地以生物为心,仁人为天地之心。天地生人,以其仁心。人之生物,以其仁心。仁者生人活物,不仁者不生人不活物。人物之活动流转,皆以其仁然。

谭辞

万物存于天地之间,其生灭变化皆因天地有心。天地之心有仁,故能生物、活物。仁人者识天地之心,亦为天地之心。天地以其仁生出人物,仁人以其仁流转万物。朱熹《仁说》曰:"天地以生物为心者也。而人物之生,又各得夫天地之心以为心者也。故语心之德,虽其总摄贯通,无所不备,然一言以蔽之,则曰仁而已矣。"

1.29 时间

道语

时间恒始恒终,乃人生之参照。先时间者,可得自由之人生;后时间者,乃堕被动之人生。时间之影,逐人生之形,形影相应。人生之影,追时间之形,形影相离。

谭辞

时间本无始终。人有福寿祸夭,众生苦短乐长,时间之相凸显于生命之侧。人之计时,非为时间计,乃为生活计。人能以先行之态面对时间,则得人事之先机,反之则不然。人无时无地不在时间之流中。闻鸡起舞,枕戈待旦,中流击水,逆水行舟,不进则退。形影相随,人时相应,自由人生可待矣。

1.30 地势与心势

道语

地之势平稳而恒久,此万物生长成遂之基。心之势平和而舒泰,乃众生安身立命之源。

谭辞

大地延伸无限,承载万物和生灵。地势之恒稳是大地之本色。恒久不变的大地是人类依存之故土。因有此恒稳之地基,人类方能站立于此,且能向往头顶之星空。恒稳不变之大地,促人深思大地的伟力。若人之心势亦能得恒稳之势,则人之身心就能安定。身定源自心安。心势求平和,得舒泰,生命之力和能就可以养成。人心若皆有平和之势,则世道必能和平,暴戾、诡诈、残忍之气可去也。《易》曰:"地势坤,以厚德载物。"此之谓欤?

1.31 人我同体

道语

助人者自助,损人者自损。人我本同体,气息相呼应。分人分我,隔阂即生。堕此境界,失人本分,则无可追也。

谭辞

天地生人,皆源一气。气机化生,人体相殊,形虽有别,气本互通。世间万般搅扰,人生难得坦途。人遇曲折损挫,必要互助之。肯助人者,其实自助也。花要叶挟,人要人帮,赠人玫瑰,手有余香。人若以损人可得自利,必短视之举。众生共享天地之气机,此端动,彼端亦动。气之运化,寰转不已。损人者,必损人之气机,其实亦是自损气机。西哲以人为个个独立之原子,虽于人之主体观念树立有益,然于人之共体之生,则有潜在之危也。

1.32 沧桑人力

道语

　　宇宙之能，促万物变易相生，无始无终。历史之势，推人事流转迁移，无止无尽。人力于沧桑中，不过微尘分子尔！

谭辞

　　宇宙之在，为一本体物，或云自在物。万物之变，不知其始终；人事之移，不知其止尽。人之探寻宇宙万物之形态与变化，所能知者，不过沧海一粟，更遑论宇宙变易之理。人类虽有不断发展之文化、科学和技术，然其所有之力，与宇宙之能相较而言，区区渺渺，忽忽悠悠，瞬间而已。人虽有知，置之苍茫，端绪难见。人虽有术，比之寰宇，雕虫薄技。此可谓鼹鼠一腹，鹪鹩一枝。若能知人力之限，谨慎而适度，谦卑而韬养，则几与沧桑之变矣。《道德经》云："治人事天，莫若啬。"

1.33 人情之真

道语

友情缘于人世交往,爱情缘于男女相慕,亲情缘于家庭相续。友情至爱情至亲情,乃人间真情的凝聚;亲情至爱情至友情,乃人间真情的播撒。

谭辞

人情之大,广布人世。自人之感性存在而言,情感之生发、升华、迁移、转折,为自然之态。情之发动处,有同类之相通,此则为友情。人与人相友爱,乃人世整体相续之基。同龄异性相吸引,本为人情交往最自然之需求,亦是造物为人种相延配置之原动力。人世间爱情为高尚之物,亦是人生青年阶段之美好追求。男女相慕既久,结合为家庭,社会之元细胞渐次代谢,为人类之大生命补充活力。友情、爱情、亲情,源人性之所发,通人事之所用,达人类之所求。其间有真情在,则皆为活物矣。《中庸》论:"喜怒哀乐之未发,谓之中;发而皆中节,谓之和。"此和亦有真之意。

1.34 酒之温克

道语

　　酒本于物化，非造作之物。酒性温克，热而不躁，放而无淫，升而有极，其助人性往返于自由也。

谭辞

　　酒乃幻化之物。物有迁转，性有升降。饮食之物为人身存续之基础。饮食物于迁变中幻化出酒，其有兴起摇动之意思，亦是促人趋于感性之丰富，情态之多样，生境之无穷。酒性之温，源自酒中之能量。饮者有热感，有放处，有升腾，皆为酒性之作。正品之酒，必不使人躁狂，使人淫乱，使人无极。君子之饮，本乎温克，此亦是人性之自由也。《酒谱》曾以梁朝谢谭与清风明月对饮，赞君子之饮。其说不亦宜乎！

1.35 人在天中

道语

莫道人能胜天，其实痴人说梦。莫言人天相合，其实一厢情愿。人在天中，方能认清人位。

谭辞

天本为人之思索自身存在的处所或场景。人以天为外在于己，便生出种种人天相别的话题。人能胜天，是人心的自我膨胀。人道世界虽有人做出的各种创造，但这一切都无法越出天道的周限。人道无一能出天道之外。若言人天相合，有互相感应。此说亦是以人之视角所做的设定。天之大，莫知其外，以人之小何以合天之无外？此皆为人不能识见自身处所之所致。或可曰：人或人群或人世，皆在无外之天中。此言"中"，亦是相对而言。若人之外亦有智慧如人之存在，则人处天之何处，亦是无从定论之事。人若以自身居于天之寰中某一位置，则人当有履冰临渊之觉，此可以得人世之安也。

1.36 全身之道

道语

人之有身,乃身之本。保身者为存体,修身者为蓄德,养身者为延命,全身者为达道。

谭辞

身心虽为一体,常人所见者身而已。故此云身为人之本体。身能保则体可存,有体才有身之用。身体变化万端皆源于此。身体变化,常有损坏。身体之修,以尊礼循教为要,终端在蓄德。身体之养,生理与心理皆不可偏废一端。生命之可延续在身体的存养。身体若有损坏,生理与心理出现病变,全身之道远矣。

1.37 生态与心态

道语

生态自然,物种能恒存;世态平和,人类可永续;心态恬静,人生得久长。

谭辞

生命之物,皆有活性。物种相生相克,皆循从自然消长生灭之道。物种相互有别,然共生于一生态体系。人类不过其中之一极。人力所至,不外自然,物种便可恒久存之。此为生物世界的常态也。人世变化万千,其间不可避免遭遇动荡劫难。世人能彼此仁爱相待,远离相残互戕,平和之世界则不难实现。个体之生命,亦复如是。个人心态,能恬淡静愉,则可止于平和世态,归于自然生态,此真乃万物一体之状也。万物自然生长,社会平和相续,人心恬静长久,此为生命的大秘密。《道德经》云:"夫物芸芸,各归其根。归根曰静,静曰复命。"

1.38 人格三面向

道语

肉身之尊严,思想之自由,精神之全整,相承相因,乃确证人格之独立的三面向,不可或缺也。

谭辞

人有肉身之体,此为人生在世尊严的基点。千人千面,无有同处。西哲莱布尼茨曾言,世上无两片相同之树叶。人之肉身的唯一性,神圣独立,自初生至终老,无可侵犯。人之自由立基于肉身之上。思想的创造力与生俱来。人若舍弃思想创造之能,则失自由也。思想创造累积,遂有精神的成长。精神完整统一,不可肢分。精神异化,无异于自我放逐。肉身之尊严,思想之自由,精神之全整,确证着人格的独立。故人格不可以落空,以此三者为内核也。《荀子·解蔽》:"故口可劫而使墨云,形可劫而使诎申,心不可劫而使易意,是之则受,非之则辞。"

1.39 酒性与人性

道语

酒性与人性相生相应。酒之化性助人之气性,酒之温性显人之理性,酒之醉性激人之狂性,酒之神性发人之灵性。

谭辞

酒幻源于万物,于酵化转换中,蕴神奇之能。饮酒之际,酒纯净万化之能入人体,散之血脉,摇动身体之气。此为气性活跃之机也。酒有温热之性,散为上升、激越之力。君子之饮,有度可循。酒之温性,激醒理性,增创造之活力。酒有高能,醉人于无形。人之有醉态,方显人之狂达。精神狂达,不纵放,不离荡,乃原生力发动也。众神相呼,雷电所应,酒神出场。酒神以其无限的张力,激活点燃人之灵性。此灵性运用于艺术、哲学和宗教,皆为通神之路。古人有诗曰:采菊东篱下,悠然见南山。其中酒神共在焉!

1.40 生命与水火

道语

水至柔，以其性能就下。火至烈，以其性能扬上。水火之于生命，乃助其阴阳之势力互显互发矣。

谭辞

生命充满玄机，其间变化难测。自生命演化的趋势看，生命因有水而植根于大地。水之流淌环转，助万物生命萌发、生长、繁盛。无水之地，则难有生命。生命本于能量。世间一切能量，皆能借火气上扬而豁显生命的活力。火性激烈，抽发万物之潜能。此万物皆有可燃之机也。如薪之火能相传，源自薪中之火力。水之柔性，火之烈性，促生命互引互斥，使阴阳之势渐次彰显耳。《易经》坎为水，为蓄积之势，离为火，为贲张之势。

1.41 江湖人生

道语

江深湖阔,风兴雨作,万类蕴生。江以其流,湖以其波,导引众生。人生能识得深浅,探得广狭,便可立定脚跟,亦可相忘矣。

谭辞

江流暗涌,其力深不可测。湖波四兴,其势漫无可挡。江湖深潜万类生命,巨量水势造就生命之力的勃兴。人喻之为有龙王在焉,其实为无形之龙,不过生命力广大而已。江湖之大,水势不定,险恶万分。此为江湖事实之态,人莫能够变也。顺应江湖水大之势,不以逆势造作,生命可于江湖中得生养。以江湖寓人生,其意深远。《庄子·大宗师》曰:"相濡以沫,不如相忘于江湖。"

1.42 相信与看见

以信为见，则可化相信为看见。以见为信，则相信难化为看见。看见限于眼前，相信通向未来。

因为相信而看见，而非因为看见而相信。二者之间悬隔，一目了然也。信则有见，不信则无见。信者，自我之信心也。自信是人立世之基，可信是人存世之根，能信是人在世之本。人因相信自我而有了努力的动力。自我相信者，能确证自我的存在，不随波逐流，咬定一处，朝着所信的目标，一步一步地去实现。目标实现之日，初始的信心化为可以看见的现实。自信非盲信，亦非卑信。盲信堕入自夸，失之为虚。卑信陷于自弃，失之为滥。不信自我之人，只是以所见为可信，而不知所相信者在自我。如以当前所不见，为不相信之根由，则终不可见所相信之目标。

二 思之道

2.1 哲学之路

道语

哲学是开端处的学问和智慧。追寻哲学之路就是人的生存之路。

谭辞

古希腊智者以追问无穷奥妙的宇宙万物为哲学的起点，以爱智慧为哲学的方向。宇宙、人生之奇妙，令睁眼人炫目，当下即生出无限之思问。宇宙何以在？万物何以生？人何以存？哲学之问如影随形，无须臾间离也。追问产智慧，智慧生德性，德性引人生。故人生之路，因爱智慧而有光彩，因求学问而有推力。夸父逐日，投杖为林，其中有爱智慧之隐喻耳。

2.2 思想之活力

道语

越是尘封而未死亡的思想,才是最有活力、最有前途的思想。

谭辞

思想非光鲜之物,思想的市场不求一时的繁华。思想之穿透力源自其活力与远见。庸常之思,遮人耳目,其实似是而非,不辨真伪。思想能入尘封之境地,不流失,不亡佚,此乃真思想。以思想之名求其影响,不过买椟还珠耳。忍耐思想当下之寂寞,才有思想未来之精彩。恒久之思定然有积灰尘之日。因世事纷扰,真思想便停留于人生的边上。

2.3 常日节日

道语

以常日之心度节日，以节日之心度常日。常日做事可急，节日行事须缓。节日当思常日之态，常日应有节日之怀。

谭辞

节日似有别于常日，然不过常日之延续。时光流逝属自然之迁转，人遇节日亦当怀自然之心态。人于常日中，当有急迫之心，因世事不我待。常日行事，则未必急迫，其缓者乃为续度常日有所备。节日之放，不可太过，常日之行，则求起伏。人能于常日节日变换中，有安定之心，则可悟时间之真谛也。子在川上曰：逝者如斯夫！

2.4 平常之道

道语

有平常之思，平常之言，平常之行，平常之事，方为平常之人；做平常之人，方能有高远、宽阔、幽深之生命境界。

谭辞

万物之生，皆有平常之态。日月星辰、山川草木、鸟兽虫鱼，各相安于一处。雷轰电鸣、暴风骤雨、地动山摇，皆不过一时耳。人求绚丽多彩、光影闪烁、花放掌动，亦不过一时耳。人能有栖迟衡门之心，便可有平常之态。思不出奇险，言不出耸闻，行不在诡异，事不为怪诞，只做平常人。平常之道，其实可以通高远之山，可以行宽阔之径，可以达幽深之谷。《诗》曰："投我以桃，报之以李。"最为平常之事耳！南雷先生云："圣人者，常人而肯安心者也；常人者，圣人而不肯安心者也。"

2.5 纯粹之乐

道语

　　思辨之乐为最乐,精神之纯为最纯,物质者皆不在话下矣。

谭辞

　　物质者其有向下沉沦之意,精神者则可以飘飞逍遥于世间。人类文化之演进,不外物质、精神两大要素。其间虽有组合变化,然皆不离其根本。人于生活之基本条件满足后,所求者乃心安。心安者神定也。神何以定?思静神纯。思静非不动,神纯非不杂。思辨之乐在求纯思之物,非思饮食男女、功名利禄辈。纯神之态在于神闲之境,非求空寂枯槁之态。人之活动流转,有赖于无功利的思辨,有赖于保持精神的空灵。西哲亚里士多德言,思辨是最高的快乐。

2.6 出入相异

道语

钻牛角者天地益发逼仄，出牛角者乾坤愈显宽阔。出入方向有异耳。

谭辞

牛角之两端，大小迥异。由大入小，终陷于迷途。由小出大，终观于乾坤。人生之时空，全在于行走之方向。乾坤无垠，时空无限。悠游于乾坤，旷达于时空，自可以逾越偏斜孤僻之方向，人生便能够充满无限可能。钻牛角者实为凿智所惑。朱子《感兴诗》曰："世人逞私见，凿智道弥昏。"去私见，舍凿智，便是乾坤朗朗，日月光华。

2.7中华圣贤

道语

孔子是一盏灯,照亮了中国人仁义道德的心空;老子是一条道,澄明了中国人安然无为的心路;孟子是一腔志,挺直了中国人浩然不屈的心气;庄子是一朵花,渲染了中国人自由逍遥的心境;《诗经》是一首歌,唱出了中国人无邪烂漫的心情。

谭辞

古圣先贤皆有明道之愿望。人类之每一分子于社会历史发展都有其贡献。世之所谓不善不良之人,非天生而然。或因不识事理,无畏茫昧,或因堕于盲目,不解诗书。凡此之类均不能承继正统之文明,发扬推进创造之功。孔孟老庄,行吟之辈,其人虽已与时而远逝,其思想和精神却与日月同明。发明仁义道德,点亮文明开化的明灯。倡导自然无为,启示生存调适的法门。追求人生气概,激起生命刚健的律动。期盼自由逍遥,造就理想攀升的阶梯。回归无邪本性,铺陈生活精彩的华章。中华文明贡献于人类文明,自此类圣贤起,不可失察也。

2.8 诗与思

道语

　　哲学乃思之诗，文学乃诗之思。哲学是从精神的深处往内看世界，文学是从精神的深处往外看世界。

谭辞

　　哲思乃人因不满于对现象世界的平铺直叙而生的根本之思。其所求者不在于对一事一物得一解释说明，而在于探求事物之所以如此，何以如此的本根或本体。故而，哲学之思考总有形而上的向度，总有对精神无限深处的探掘，以期得到终极性的答案。此答案即便永远不可得，然亦是哲学无穷追索的方向。文学者乃借用文字之组合排列，以特殊的兴发手段，阐释对世间万物的理解。文学绘描的世界，充满着艺术的想象。文学之想象是从精神深处逐次地向外描摹，于情感的激越中表达对物理人事的了解，最终以求得心灵的释放。哲学之思是思中有诗，文学之诗是诗中有思。

2.9 辨理之道

道语

　　哲理愈辨愈灵，法理愈辨愈明，文理愈辨愈清，数理愈辨愈真。其他如道理、天理、地理、事理、物理等亦皆可辨。

谭辞

　　哲理属形而上之思，辨析可得无尽之灵活迁转。世间物事皆有其法，辨法可明法理，循法理所定之法则为良法。社会之公序良俗必赖良法之施行。析理之文可得文章之道。人所为文，其实亦为明理成事。成大事者，必有雄文。文清而世治，治世有清文。数目之理，演而至今，变幻无穷。《易》曰大衍之数，其实为无限之数。真理者，无限也。识理，辨理，用理，人本有之职分。然于理人终不可造作之。

2.10 文明中国

道语

　　有一种思想是飘逸，那就是中国思想；有一种文学是潇洒，那就是中国文学；有一种艺术是解脱，那就是中国艺术；有一种哲学是智慧，那就是中国哲学；有一种信仰是敬畏，那就是中国信仰；有一种价值是仁道，那就是中国价值。

谭辞

　　华夏文明伴生于大河大江。河江源起处皆在高原，水势东向，一往无前。自高山之巅，穿深谷险峡，经阔大平原，东入大海，气魄万种，仪态万象。因此水势，居地之民，其思其想，均无阻隔，擅长想象，飘逸无比。文学惟求潇洒，艺术惟求解脱，哲学惟求智慧，信仰惟求敬畏。居其间者，仁道而已。仁者生也，仁者人也。仁者为天地万物之心，如江河之奔涌，仁道精神灌注于一切,铸成中华精神之高台。此等思想文化实为人类文明之杰出创造。以中国思想推引中国价值,滋润华夏,助益人类,实为人类文明进程之福音。

2.11 金刚智慧

道语

坚固持守之心，光明照耀之心，锐利进取之心，此三者为无上金刚智慧。

谭辞

坚固持守，乃谓对万物万事之理，有执著的理解和把握。不妄念，不妄断，不妄行，便有坚固持守之心。光明照耀，乃谓对万物万事之出，有透彻的洞见和传达。不暗念，不暗断，不暗行，便有光明照耀之心。锐利进取，乃谓对万物万事之发，有通达的控制和赞助。不颓念，不颓断，不颓行，便有锐利进取之心。如此，金刚智慧无穷无尽也。

2.12 普照之光

道语

光者,有普照永恒之体。天地之光,乃万物澄明之源;世间之光,乃万事显明之本;人心之光,乃万众灵明之要。

谭辞

宇宙可观,因光之明亮可鉴。恒久之宇宙,光运化其间,以此成千千万万之世界。万物因受光之明,其方位、流转和本性可被人辨识。人事纷纭,不可以模糊无端。一事有一事之明,一事有一事之理。事理相蕴,光照其间,则事明理显。知事理,行事理,便为世间光明之人。物事本非独在,皆依人而存。人心之明,要有灵光。此光虽非如自然光状,但其显发亦是明暗相应。《金光明经》倡金鼓光明之教,亦是以无边光量,照彻人心,如此终生可得安稳康乐也。

2.13 思如光

道语

　　人能思，源自光之能照。思如光，则远射无限，普照无私，闪现无尽。无光照，则无人之思；无人思，则无世之存。

谭辞

　　人因为能思，方立于万物之丛。人因为能思，故而进无止境。在终极的意义上，人之能思，源于光之能照。无光的照，一切将归于寂灭。无人的思，人间的世界终究归于寂灭。思如光，就要像光那样无限远射。这是思维的最大强量，势不可挡。思如光，就要像光那样无私普照。这是思维无所不及的最大特点。思如光，就要像光那样无尽闪现。这是思维永不止息的最好参照。宇宙之能化为光，光化出这无边的世界。

2.14教育与哲学

道语

哲学辨乎人性，以哲思理化人生；教育识乎人心，以教养德化人生。

谭辞

人类之反思源自对人性秘密的好奇与追问，此亦是爱智慧之学的肇端与萌发也。人因辨乎人性而及物性，乃至天地之性。在这一无穷的哲思躬问中，理性渐次显现，人生知行有了可以分辨的方向。这是人生走向理性化的开始。理性开启，文化肇端，文明发展，人类昌明。教育因人类哲思之敞开，而有了对人心及其活动方向的辨识。教育之传播知识只是手段，教育之终极目的在乎成人，成就德性人生。此教育观念若能够深入人心，养成自觉的人生，便是教育的成功。

2.15 真与理

真显世界本然之态,理通万物实然之情。由真及理,揭橥世界变化之机,自理入真,澄明万物演进之妙。真理之修,智慧之养,可不同于生命之道乎?

世界面目自然呈现。以人观之,乃为一本然的存在。万物运转变化,皆有条理,非混乱状。人若能够辨识之,便可通达万物实然之态。本然者自在。人能从本然之真,揭示其变化的气机,万物条理则可以知。人循条理顺整万物,创建人化的世界,以利生命的长养。追求真理,则可修得智性。以真理化之于生活,则可涵养智慧之境界。生命的长养,辉映于真理与智慧之间。西哲尼采曰:"你不得不白日里发现十条真理:要不然,你夜里还寻求真理,你的灵魂便饥肠辘辘。"

2.16 思路与出路

道语

思路者,破解困局之先机,亦是寻得出路的先手。此谓思路决定出路。不知寻思路,自陷于迷路,终至于死路。此谓无思路则成死路。

谭辞

人道迁转,万象莫测,世事纷纭,前路难蠡,此皆为世间常态。人于处事应变之际,要懂得寻思路。思路乃从大方向上把握世事之变,从大节点中规划处理之要。有思路,便可以有出路,有出路便有往前的无穷演化的势态。坐而不思,茫然无得,则迷途越陷越深。人常有此境地而不知。迷路重重,难见生机,迷路遂成为死路也。

2.17 定力

道语

心定者,则身定。身定者,则人定。人非可定于一时一地,人若能定于随时随地,则为有定力之人。

谭辞

定为一安稳之态。人心若能安稳,则身体便得到休养。身体保持修养的姿态,乃属于自我调节的节奏。如此,人之生命有生息的方向。万物皆流,世间无一事物可停于一时一地。人之身心亦是如此。身心自有其不止的转动,身心之处所也有不止的流动。行止所在,人心能定,身即可定,则人有定。一屋一宇,终有朽坏之日,一瓦一地,难保恒久之期。人若能随处而止,随处能定,则是有定力也。定力者,非定于一处所,乃定于自我身心的安稳之乡。

2.18 才与气

道语

才为质，气为形，合而言之为才气。以才出气，以气养才，人性之能可渐次显发矣。

谭辞

人常曰某某具才气，以之激励人。才者本乎人性之潜能，为人能力显现的质料和基础。人之才犹如木之材。乔木神树，必有大材质，枝叶铺陈四方，遮阴蔽日，百鸟翔集，或可以兴风雨，有化生物之用，或可以佑庙宇，有通神明之功。人因有其才，故于生命打开之际能显出其生命之气，此之谓才以气显，以才出气。举止之气、辞章之气、谋事之气、成人之气，皆为才气之一端。气蓄积之际，才亦便得以养成也，此之谓气发其才，以气养才。故此，才与气互为显发也。

2.19 心物之齐

道语

心动不居，有万端之变。物化无已，有万方之态。求心之同然，寻物之可齐，乃人事幻化之道也。

谭辞

人之心，无一刻不在变动中。虽有卧息之时，亦是梦境萦绕，幻境无限。此为人最难理解和认识之对象。万物之相，亦千变万化，无一物恒久不变。心动者，为心之本相，物化者，为物之本相。然人有齐物同心之念，藉此可有相通之途。物理于物的分类，取其齐整之处。伦理于心的变幻，求其同然之在。物理整齐之道，乃人类科学知识之累积，为文明奠物质的基础。伦理规范之道，乃人类人文观念之更新，为文明寻心理的基础。心物之幻化，其本皆可归于能。心齐者，精神之能耳，物齐者，物质之能耳。

2.20 心体与性体

道语

心体者用，生发于生存时空，行事为之端倪；性体者本，积淀于历史时空，成势以之根底。

谭辞

自然造化，人之生命得以开显。反思人之生命，有心体与性体之论。此处之体有究极义，非以实在而论。从显发上看，心体为显，性体为隐。从作用上看，心体为用，性体为本。二者非二物，皆为人之生命的整体呈现。心体为表现的一端，性体则是基底的一端。常人做事，多数只会触及心体的运动，少有反思性体的所在。事之所积，演为大势，心体便会累积为性体。就生命的存续而论，心体更多地在生存时空中显现，性体则要到历史时空中去理会。

三世之道

3.1 事与人

道语

做事要薄，做人要厚；做事要向前，做人要靠后。

谭辞

世事绵延，无间断处，然而有缝隙在焉。人能成一事，另一事继起。人能于世事转换中，发挥牵连作用，则须有入薄处之心思，向前方之决心。成事非人之根本，做人才是根本。厚者可以载物，后者可以容物。自然界之阳光雨露，激发万物向上生长。然阳光雨露非万物之体，世俗界有功名利禄，激励众生有所作为。然功名利禄非人生之本，故而载得重、退得后者，方能勘破此意。出入厚薄，进止前后，做事做人之道化矣。

3.2 君子之成

道语

成君子之道，在己人之间。成己是格致诚正，成人是修齐治平。

谭辞

儒家希冀之君子，当能内外兼修，自如活转。《大学》指示人生，有方便路径。成己成人合一而论，其要在于造就完美之君子。格致者外求万物之理，诚正者内求心思之德。此之谓成己之道。己身正，则能正人正物。如此，可以致修齐之功。治平云者，则范围视野更为宽阔高远，非止于只求治一国，而在于治天下，治万世。《大学》者，大天下之学。天下之学，大而化之，则平天下之功可至。此乃《大学》之最后落脚处，君子当明察之。

3.3 议事与断事

议事时多数人要听取少数人之意见,虽至极端,亦当慎思之;断事时少数人要服从多数人决定,虽有保留,亦当执行之。

谭辞

人之遇事,总须慎思明辨,取舍决断,不可一意妄断,一意孤行。人处社会间,所应之事无穷。凡一事出,众人可以自由议论之,发挥群体之智慧。虽有极端之意见,亦须听取之,分析之,以备讨论之全面。议事已定,则当执行之。此时,虽有极端之论,亦当辟之。民主议事云者,当有彼此充分之尊重,人人可以言论。事之决断、执行,则要求同心戮力,不能半途而废。此类于社会大事尤须如此,如对人类社会理想之追求,对和平治世之推进。

3.4 功名与道德

道语

功可立,不可邀;名可得,不可虚;利可求,不可穷;禄可享,不可贪。道可践,不可亵;德可修,不可弃;文可实,不可巧;章可明,不可炫。

谭辞

功名利禄是人生奋斗的起点,但却不是人生奋斗的鹄的。不以私心私欲求功名利禄,则为正大光明之事。故曰,人能立功,不可邀功;可得实名,不求虚名,可获实利;不可穷利,可受俸禄,不能贪禄。名至实归处,君子皆能坦然。名实相悖时,君子当能决绝。道德文章,不仅指人的德性修为,文字章法,更指人的生命充实处。践行大道,不可亵道,修养德性,不可弃德。为文以实不以巧,篇章以明不以炫。孟子曰:"可欲之谓善,有诸己之谓信,充实之谓美,充实而有光辉之谓大,大而化之之谓圣,圣而不可知之之谓神。"功名利禄亦是可欲之事,但于己有信,却不可迷。道德文章充实则为美,影响世人则大之,化之,神妙之。此神非谓神秘也,乃在于神奇之效。

3.5 人生如戏

道语

人生如戏,本色出演,悲怆多于欢愉,着色出演,欢愉多于悲怆。演者与观者皆入戏中,台上台下之别尔。

谭辞

人之生存,既赖自然之供养,也赖群体之守望。人之有文化始,即有装饰之态,便生扮演之心。社会譬如一宽大之时空舞台,历史的大幕无穷尽地更迭变换。众生芸芸,你方唱罢我登场。宇宙亦是一无边际之舞台,只不知导演者谁?人生舞台,若无化妆,循本性而出场,自然无曲折回环,俗常之百态无一可免,易陷入西西弗之悲境。人掩去素颜,浓妆艳抹,珠光宝气,起舞翩跹,引喉高亢,则欢乐时光可久。人浸其中,自然忘却生活之俗与常。人生百态冷眼者,亦是戏中人生,参照不同耳!

3.6 处世与变世

道语

变世先要处世，处世先要知世。知世当知所处之世，更当知历史与未来之世。处世、变世亦然。

谭辞

人生在世，在世人生。人处此世，当知此世之千重岁月，万般光景。知此世还须知此世之前因后果。此世何以有，何以变，何以向？当世之人皆须深思之。吾今之世，非突兀无来由。吾辈处一世，须知此一世之妙，此一世之理。知世才能处世，处世才能变世。变世非能够造一世。世事纷然，有无穷之变相；人生幻化，有无尽之途程。灾变祸患不一而足，罕有人能预见者。人能坦然择一方向持之守之，趣之赴之，可尽世道人生。

3.7 医道

道语

医者治心兼治身。尚医治心病，生命之道不离自然。心属自然，后天之病可除。常医治身病，能感同身受者，身病可除。庸医寻疾而治，则殆矣。

谭辞

人有疾病之患，本属身心变幻之态尔。然人若患大病，定悖自然之道。尚医治未病，其要在关注身体本有之能。人于身心中，先要董治心，心归自然，身之活动流转便归自然。心放失之，身纵随之，身心自无可安顿，疾病随之矣。常医若能感同身受，则可尽心谋治人病。然其治在表，祛病在身，难及于心。庸医寻疾而治，以之谋生，无论病患之起处，亦无告示病患之起因，不劝人远药，则误人深矣。故云：治病先治心，心无病则身可免于病。

3.8 法融情理

道语

法者虽基于理,但不可不缘情。情理兼容之法方为真法、人法。只道笔墨、条律、惩戒、辩护、经师之法,恐失法之真。法理能入世,也需出世,此乃大法理、真法理,非为一时之需也。

谭辞

法本于万物万事之理。缘事而得理,缘理而定法,方可得良法。知理者人,定法者人,人皆有情,故人情物事相成相因。常道法不容情,此乃小法、虚法。真法本于人情物事,若无情理,自然难以为优良之法,为人道之法。《道德经》云:"人法地,地法天,天法道,道法自然。"自然者于人则情理相容也。法只求文字笔墨,囹圄枷锁,严刑重苛,恐吓震慑,难以为善法良法。大法理、真法理,非为一时之变,乃为万世之需。

道
谭

法理即真理，法理即情理。容万物之情，纳万事之理，
方谓大法。

3.9 友谊之道

道语

朋友是江南的一杯清茶,友谊是塞北的一瓶烈酒。茶越清纯越香,酒越浓烈越醇。

谭辞

茶道求简约。善饮茶者,不计浓淡。浓茶有味,淡茶亦有味,品者自知耳。茶香源自茶品。茶因其生于高山、坡地,非有水而不能生也。茶品其实就是水品。水善利万物而不争,茶善利人心而无扰。清茶淡香,飘出的是对人心的牵挂。朋友之道能牵挂则为最上乘。友情亦有浓时,那便如烈酒之醇厚。酒之醇,源自其经年累月,盖其取五谷之精华。人世间之友谊,若能取天地之精华,即可绵长如茶香,朴厚如酒醴。

3.10 人生方向

道语

　　人生是奔驰向前的列车,理想是那没有尽头的
轨道。

谭辞

　　人生之有理想,一如列车之有轨道。在轨之列
车,虽有缓行之日,停站时分,只要动力存,则远方就
在眼前。然无论驰飞极速,其要在不脱轨,不偏方向。
人生亦有休息之日,观望之时,只要理想在,则前途就
在脚下。人生驱驰,时而飞奔,时而缓进,不放弃,不
抛弃,就有功德圆满、前程如锦的期待。人生之功德,
就是人生的奋斗与收获。人生之乖戾,就是人生的偏
向与脱轨。

3.11 吃亏与得福

吃得小亏者享得小福,吃得大亏者享得大福,懂得吃亏者方能懂得享福,不能吃亏者不能得福,不为得福而能吃亏乃福之大者。

谭辞

亏者有损、不足,甚或有毁坏也。常人多愿无损、充足,无毁坏处。然世间事非如人心之愿,皆能圆满无亏。故人当有担待亏损不足毁坏之心。此乃吃亏之本义。吃亏本非为得福。然吃得亏者,才能够懂得福之所在。人无吃亏之心,则无担待之志。无担待,便有计较心,长此以往,失宽容心。人心一落窄处,即入窠臼,人生即显不幸矣。然吃亏者非为吃亏而去,此乃人生之历练耳。故云,不为得福而能吃亏者乃福之大者。亦可云,吃亏即得福,此为福中之上乘境界也。天之道,损有余而补不足。此盈亏相应之道也。

3.12 人事之道

道语

　　青年人当从做学问始，做人、做事终。无学问的根底，做人、做事便如盲人骑瞎马。只知学问，不能做人、做事，学问便成悬梁之物，终陷稻粱之所，名利场中，学问之真将不复在也。

谭辞

　　学问之道非自学问始。学问者人生之一端。做学问需识人明理。识人先做人，明理先明事。人事无穷尽，故人要以学问为根本责任。学问者，于天地自然、社会人事之间，学之，习之，思之，问之。学习思问乃真学问。有真学问可以成事成人。学问若流于功利末端，求垂名留史，求玉食锦衣，求华屋豪车，便失学问之道。三者异途而同归，才可成就完整之生命，造成生命之光华，实现人生之理想。青年人志气勃发，当以求真学问为志业，做真人为使命，做真事为担待。于此，人生可立也。

3.13 用与费

道语

有一物之用必有一物之费。有大用则有大费,有小用则有小费,无用则无费,不用则不费。

谭辞

物为人所用,每欲求其可用之最大限度。殊不知,物之限度,即人之限度。人限于知识、实践、智慧之层次,对物之用亦有层次。人物皆有限度,致使物有用有费。用物不能尽,即堕入费中。宇宙间物,虽有成住坏空,其实一体不动。于此而言,人亦是一物。人于物之所用所费,强为分别尔。无用无费,不用不费,皆从本体处论。如大海之水,虽受人类染污,然其本自如。人若污海水致其无用,则人类亦无生存之基础也。

3.14 时与财

道语

时间虽可换得钱财,财存时没,确乎误了时间大事;钱财亦可换得时间,财费时存,此际还可有大谋划。故曰:时间大于钱财。

谭辞

俗语常云,时间就是金钱,此论不实。时间与钱财不可同日而语。人世生活常常被当作为求利益的实现,经济云者乃生活之全部。人生价值之衡量亦是以财富多寡为的。人以无尽之时,拼得钱财,钱财有了,时间走了。世人偏陷于一隅,迷惑其中,不知返途者比比皆是。人之有钱财,看似有自由,然此自由已非人性本有之自由。真自由者,能适时而动,无限于此时此地、彼时彼地。唯利图者,时间为累。求自由者,宽心为时。此两者境界差异耳。人生有谋划,其谋在从容宽裕,则得时间之道也。

3.15 放下

道语

　　放下是一种心情，能坦然面对；放下是一种心境，能不计得失；放下是一种心志，能高举低落；放下是一种心态，能放眼寰宇。真能放下者，是有真心之人，乃谓真人也。

谭辞

　　放下是心灵的一种姿态，是精神的一种适度。世事纷扰，不计得失。人生无常，需坦然面对。放眼寰宇，人生迁延。世事浮沉，需高举低落。这些都是人心的取舍与抉择。心有动处，则人与事就有牵动。牵动者，非失其心也。放下非谓放逐心灵，松弛精神，要在心情畅然，心境适然，心志恒然，心态自然。放下非可求也，乃人心本有之态也。真心者，诚心也。真人者，真心之人，乃能真放下之人。

3.16 自然与人

自然的还给自然，人类的留给人类。

谭辞

此言自然乃西人所谓自然的世界。人类世界其实本于自然世界。人类因自身之独特的发展，遂造成人类不断铺张的世界，亦即人化的世界。黑格尔氏别之为自在与自为的世界。自人类诞生，自在者不可能重回自在，自然世界即为人类视野中之世界。然人切不可夜郎自大，以自我为中心。自然世界本有其生成法则，固有独立运行之轨道。人类运行不可坏自然之运行。自然的归自然，人类的归人类。明此，则明人之所在。

3.17 担当

道语

担当是一种责任,人之使命使然;担当是一种气度,人之规模使然。勇于担当则敢于放下,疏于担当则难以拿起。

谭辞

人生如漫长之旅程。行脚之际,总须有所担当和担待。人非生而知之者,亦非生而行之者。知行必经学习思问,方可得其果。此间担当即是使命,即是规模。生活之勇气,要时时警醒提振,肩头之担不可须臾放纵。担当非为受累,勇于担,愿意担,其实是对生命之重负的超越。夫子论智仁勇三达德,智仁亦是勇之担当。君子求仁且智,勇亦在其中矣。

3.18 知觉

道语

无知无觉举止混沌者，其实可怜。知觉不清行为无断者，殊为可嫌。有知有觉无能为力者，最为可悲。可怜、可嫌、可悲，虽为众生相，然亦有可变之道也，非学习无以致之。

谭辞

知觉为人性本有之能力。知觉可指向人与物。知有感知、理知，觉有感觉、理觉。感知乃身体本生的感物应事之能，理知则是人心所具的理性推断之能。感知后有感觉，理知后有理觉。有觉者乃有明。无知无觉的人，身心浑浊。知觉不清的人，行为无常。有知觉，然能力不举，置之不用，最为可悲。人莫处可怜、可嫌、可悲之境地。其要在尚学重习，二者不可偏废之。终其一生，学习不止，知觉之用自然显现，能力之成自然可致。王夫之曰：知者，知事物当然之理。觉者，觉吾心可否之几。一见而即别白曰知，如黑白之不紊。自喻而不容昧曰觉，如痛痒之自知。其言真卓见也！

3.19 夫妻之道

道语

夫妻之道贵在相持以久。夫者扶也，妻者栖也。夫者以丈扶，故谓之丈夫。丈夫之才以丈量，可谓之大丈夫；妻者以家栖，故谓之妻子。妻子之德致家齐，可谓之贤妻子。才德相润，家和万事兴。诚哉斯言！

谭辞

文明肇端于夫妇，文化衍生于家国。家者社会之细胞，人类之基石，仁道之根本。一家之组成，赖乎男女之分合。分者，各担责，合者，共负任。夫者，以其力扶撑家，妻者，以其慧栖持家。丈夫之丈，以大尺度论，大丈夫即有大气之担当，家中无屋漏之所。妻子之栖，以真温情行，贤妻子即有温暖之护养，家内无欺戾之气。夫妻相随相和，相知相感，各有才德相长，家业可兴，家道乃成。夫妇之道和且兴，则家道可兴，国道可兴，天下之道一往而自如。故云，人道、家道、国道、天下道，以仁道为本。

3.20 比与喻

道语

比者双刃也，喻者口余也。人心不可比，与己比，与人比，皆有伤。人心可以喻，与人喻，与物喻，皆有余。不居锋利之地，常处有余之所，乃所谓心安也。

谭辞

世间万物不齐。人有知觉顾虑，见不齐遂生求齐一之心。如貌之妍媸美丑，本为自然。人心生执着，以美为美，则以丑为丑。美丑本无相，因比较而得。人若生比较心，于美丑、短长、贫富、高低、厚薄、爱恶之间相较，则无所处也。物之不齐，乃自然对待之状。人心不齐，亦是自然之一端。人以物之不齐，思量进取，无可厚非，然落入比较之窠臼，则本心丧失，无可立也。有计较心，即有参差不齐之状，偏僻邪逆之态，心有纷扰，自然不安。子曰：君子周而不比，小人比而不周。

3.21 立志与养志

道语

能立志者需养志,善养志者可立志。志乃激发心气之能,立志者胸有主宰,养志者行有通衢。

谭辞

子曰:"吾十有五而志于学,三十而立。"阳明曰:"志不立,天下无可成之事。"人能立于世间,必赖志气充盈。志为心思之主宰。无志者,心志空泛,心思空白,心气馁弱。能立志者,还需养志。空有大志,不落实处,心志不发,心思不明,心气不动,形同走肉。养志须日日关照,古人云随缘素位,劝人莫被动等待,要求人发主动心,行自觉行。人能自觉,为仁由己,天下归仁焉。故曰,志气即仁气,仁气即人气。得志者仁人,得仁者成人,其余不在话下矣。

3.22 言语之道

道语

与人言语,温和为要。扬人之长不可太过,过则谄谀;示人之短不可太尖,尖则刻薄。言语之道,乃处身、处人、处世之津梁。

谭辞

人之交往,非赖言语不可。善言语者,谙熟温和之道。言语如冬日温阳,春日和汤,听者如熨心田。然人皆有得失,赞人之得,人皆喜然,苛人之失,人皆昧然。人于言语之际,能把握言语之分寸,于得处不夸饰,于失处不严剋。言语非交往之目的,乃交往之手段耳。言语若不通、不畅,则人与人相互交往就有阻隔。人多言语激烈,全然忘却了言语乃一手段。西哲有言,语言乃存在之家,其实托言语之大。言语不过存在之路径。言语由心生而发,为安心而出。言语若惹得心乱,则失言语之功能,本末错置了。夫子有色难之说,孟子倡知言之论,真知道者!

3.23 三重福

平安是人生第一福境，健康是人生第二福境，快乐是人生第三福境。人生得此三重福，成功可不必论。

谭辞

人生之福要得配养之道。所配所养者，平安、健康、快乐三者而已。平安一时不为平安。世道太平，已经是人生之幸。终生平安则为人生之大幸。平安还需健康。平安者能够保存此身心，然身心还需活跃，松弛，自如，富有弹性，此为健康之要。得平安、健康，才能得快乐。快乐可使人之身心处自然之际，于学问、事业自有期许之功。处平安之世，得平安之生，具健康之身心，快乐即在其中矣。俗言之成功不在话下。

3.24 艰辛横逆

道语

人能以遇艰辛为上天之爱怜,视遭横逆为世人之玉成,此谓有经历,有琢磨,有锻炼,实乃成德成才之道也。

谭辞

人之生,本有欠缺。力不若牛,走不若马,此为先天之缺憾。后天有疾病、灾祸,人生无常,实为人之苦恼。然人却不为此消沉,此人性之可贵处。人之一生,若能够视艰辛为机遇,以之为上天之爱,于横逆中奋起,实为人之自觉精神之开展。人有此安定之心态,敢于经历,愿意切磋,勇于锻炼,则可以成德,继而成才,大有功于天下矣。遇困险而退,遭弃绝而馁,不应为人生之常态。于此间可窥见志气之坚与弱耳!

3.25 理论与德性

化理论为德性,化德性为品质;化理论为方法,
化方法为行动。含德之性为真性,有品之质为优质;
得方之法为合法,可行之动为能动。

理论乃人生实践之产物,理论之用必待回返人生
之实践。故而理论需化为人之内有德性,德性养成弥
久,则人之品质渐成。德性品质为人生的根基。人生
实践不可缺切实可行之方法,理论化为方法,方法指
导行动,此理论与实践相匹之道。人之性以德性为
重,人之质以品质为要。德性积养,人对理论之认识
与把握可以从容自如。品质培护,人对德性之认同与
体会就能终始如一。实践路径有千万种,合理者为关
键。方法得理,行动则有成。无理论、无德性、无品

质、无方法,行动必如无头之蝇,茫茫荡荡,不知就里。

《书》云:"靡不有初,鲜克有终。"

3.26 真情与真理

用真情方可观真景,抒真感方可发真意,有真心方可吐真言,写真事方可见真理。

谭辞

自然万物,千古如一。虽有灾异突变,然皆能够恢复本然。其情景真切,必待真情之人方可观、可赏。人用真情,面对万物之景,可生真感觉。感觉发动,真意即显。真意流动,真心即起。真心起处,必吐真言。真言抒发,即有真事。真事所指,即是真理。万物之理与万物之景一体同发,人之真情实感与世之万物并生共现,本无间然。东坡云,凡物皆有可观。人之观物,能观物之景,解物之理,景理兼融,此谓真能观也!

3.27 人己同悦

道语

悦人其实为悦己，悦己同时要悦人。己先悦则能悦己，己不悦则不能悦己，亦不能悦人。人己同悦，乃生命的本然。

谭辞

愉悦之态，乃人之所求也。人于悦人之际，不忘己悦。己先悦，方可悦人。愉悦者，笑容也，活泼也，轻松也，放达也，宽舒也，亲爱也，舞蹈也，音乐也，美文也，粹面也，盎背也，释然也，自然也，本然也。生命本来自如，世事无限之扰乱，造成人生之牵挂，积成人生之重压。远扰乱，少牵挂，去重压，添快乐。人则入快乐游戏之境地。氛围愉悦，众皆放下，一个朗朗花开的世界，就是众生悦乐的福地。《论语·学而》首篇以悦乐起论，不亦有深意乎？

3.28 静与躁

道语

心神气形，一体相承。其得在静，其失在躁。静而能缓，躁则生乱。岁月曼衍中以太极为思，缓进为要，此生命持守之道也。

谭辞

心主为体，神应而精，气发为质，形动以行。四者虽可析言之，其实为一体，莫分辨处之。心神安宁，不为外物动，此为静观。气形虽显于外，依心神之静，自能缓进。躁动者，气杂形乱，莽撞懵懂，支离堕殆，不得其体。太极以缓环而走圆润之道，心静神舒，气定形闲。长于太极之道者，可理会岁月漫漫中的恒久动力，不在一时之发动，而在累积之收敛。岁月为宝，相持长守者得之，躁动张望者失之。

3.29 儿女之道

道语

养儿女当念孩提成长惟艰,此担此负须臾难离;做儿女当思身家护持不易,此恩此情终身难报。

谭辞

儿女为父母精血所化。初成人形,即在母腹中集聚精气。能量渐多,身形渐成。胎儿生命须臾不可离开母体。双亲于此时唯有呵护,无微不至,胎儿生命才得以长。婴儿离母体,身柔体弱,缺饮食,无温暖,不能经风雨。蹒跚学步,咿呀学语,三年无免于父母之怀。双亲哺育,叮嘱教导,笄冠之日,少年养成,父母挂怀,诚无私无覆处。做儿女者能常思父母育养之恩,则孝心孝行,自然发动,终身不已,无刻意处。《诗经·小雅·蓼莪①》:"蓼蓼者莪,匪莪伊蒿。哀哀父母,生我劬劳。"

———————
①蓼[lù],长大的样子。莪[é],一种水草。

3.30 齐物之虞

道语

事有显微,遇人不必尽言;人有善恶,遇事不必求全。世间人事本不齐,奈何以物齐之?

谭辞

人间世事变化多端,无确定之数。事出有因,皆缘时地而变。自显处观,似能摹其端倪,见其发展之势。究其细微,则难以言辞尽。故论事之曲直,不必锱铢必较,当大而化之。人各有主张,遇事处事不能尽同。求人事相同,不过一厢情愿,其实难致。万物各有情状,人事各有曲折,齐物同人之心,终难得也。人能持万端变化之心,不求全责备,则自由情态不远矣。

3.31 世事曲折

道语

　　世间万物曲折相生,人生事态变化相因。世间有委屈,人生无直道,本相使然。

谭辞

　　万物之迁移转化,虽有一定之势,然外力所至,常生诡变,其势难以持久也。其间曲折、畸变,均无一可料。万物亦因其能曲折,方致其生灭无穷无尽。不能曲折之物,则近亡矣。人生之事,大端处有轨迹可寻。细节环转,不一而足。事端委屈,曲道而行,皆为人事常态。《道德经》云:"柔弱胜刚强。"物之刚强者,便不能曲折。人之刚强者,便不能委屈。物之柔弱者,便能曲折。人之柔弱者,便能委屈。此论就物事本相上解,若迁延他处,则不足论也。

3.32 明暗之道

世事本无清浊，心照缘有明暗。心明，一切事明；心暗，一切事暗。

谭辞

世事自然显现，非急迫，非舒缓。事事相因相陈，无止歇，无穷尽。人若道某事晦暗，则其心晦暗，若道某事浑浊，则其心浑浊。人处于事态变幻中，无一刻可以离事。人乃有事之人，事乃缘人之事。心明则事明，事明因心明。心浊则事浊，事浊因心浊。世事之明暗，缘心之明暗。人心之明暗，乃人心觉解之次第。由浊至明，由暗入明。除明暗之执，则心明如初。《坛经》曰："道无明暗，明暗是代谢之义。明明无尽，亦是有尽，相待立名。"

3.33 俗道与世道

道语

俗道贯于世事,世事莫不成俗。俗道累积而叠成世道,世道宽大而齐备人事。

谭辞

俗世非可以离道而存,或曰俗世亦有其道在。常人在俗世,出俗言,行俗行,成俗事,远形上之道。睁眼之世界,满目俗念之人,其间烈者,多利欲熏心、鸡鸣狗盗、尔虞我诈、欺名盗世之徒尔。怀俗念之人,人人心中有盘算,有策计,所在者不过一人一身一世之自我耳。出得自我,虑及他我、众我,继而能弃小我,立大我者,则可谓出得俗世,入得世道。持守大我之念,优裕于自我、小我、他我、众我之间,世道便可宽阔远大。

3.34 爱与可爱

道语

有爱,则恒有可爱也。爱人者,爱物者,爱山水者,所爱之人,所爱之物,所爱之山水必皆有可爱处。

谭辞

爱乃心灵的付出与照看。心中有爱,才可谓之能爱。爱因之主观,才可以造作于人和事。凡自心中发出的爱,皆能映射于人物。人物因人之爱心的投射,遂变得可爱有加。人之爱人,于真切处,常可见所爱之人,虽有短缺不足,亦有可以爱念之处。爱屋及乌,非止心理之效应,实则能爱的投射。山水皆可爱。名山名水,人尤爱之。无名之山水,则鲜见人爱之。真爱山水者,不择山水之名,而有山水之意也。能爱无名之山水,则真能爱山水也。

3.35 放得开

道语

看得开是一种见识,想得开是一种思识,放得开是一种行识。

谭辞

人于世事中,所见处多有浑沦不清,所思处多有迷惑不解,所行处多有滞涩不顺。不清者见识短浅,难以看得开。不解者思识纠缠,难以想得开。不顺者行识犹疑,难以放得开。世事虽多且杂,然自远处看,其实皆自然而生,自然而变,自然而去。世人若看得近迫,思得繁冗,行得急促,便被牵绊而不能自主。多增见识,常有思识,葆存行识,则诸事顺谐,身心相安。佛经论阿赖耶识,为藏一切识见。人若真放得开,身心所藏便自然而化,所见、所思、所行,亦可顺当无碍也。

3.36 木石与云水

道语

天地运化而木石不变,此长久之道也;万物流转而云水万化,此常新之理也。怀木石之念,生命久长;生云水之趣,人生灿烂。

谭辞

万物运化无有穷尽。人因物化而生变,此人生之常也。然于此变中又有不变处。人需认得不变与变之机妙,方能于处事决断之。木石生而无迁转,云水生而有流变。木石之定,固于一隅。人生世态万千,于木石之处,可得想念的参照,修悟的处所,前行的坐标。云飘于上,水行于下,终日无定。云飘水流,为人生铺就幻梦的图景,增添无穷的趣味。《菜根谭》曰:"进德修道,要个木石的念头,若一方欣羡,便趋欲境;济世经邦,要段云水的趣味,若一有贪著,便坠危机。"

3.37 声音乐

道语

万物动而感应者,声由之出也。人心动而外发者,音由之生也。人事动而致礼者,乐由之成也。声者万物之应,音者人心之发,乐者人伦之通。

谭辞

《礼记·乐记》曰:"凡音者,生于人心者也。乐者,通伦理者也。是故知声而不知音者,禽兽是也。"天地万物,运转无穷,感应之际必有声出。树摇草惊,虫鸣鸟叫,风呼雷鸣,海啸山崩,响应无尽,或声细不闻,或声宏发聩。人生世间,感发万物之声,制符作曲,以成众音。人之音非感于心不发,发则有所指。人事变化,理在其中。人以耳闻之音,创编剪裁,或成高山流水,或成黄钟大吕,或有丝竹弦歌,或有歌剧交响。人之演乐,皆在化正人心,理顺人伦,以此升华人生之精神。儒家以礼乐并论,其深意在兹,当深念之耳。

3.38 成己与物

成物在知,成己在仁。成物为成己,成己能成物。己物双成,德显性明。

人之在与物之在本天然混成,无可界分。人因其存在之特有位格,而有特定之追求,此为人类赓续之动力。成物者,乃化转本然之物为为我之物,以显认知之道。此乃知物由学,开物成务。物之在融进人之在。万物相容于人,人亦相随于万物。人物相依,此为人之在世的场景。成己者,乃化育自然之人为自觉之人,以就仁之道。人之在敞开于广阔的社会舞台之上。人人求成己,亦是人类本性之德的发明。成物在显发万物之性,成己在敞显人类之性。《中庸》曰:"成己,仁也;成物,知也。性之德也,合内外之道也。"此之谓与!

3.39 客道与主道

道语

人来此世间，本自然造化之道，为气变化之客形尔。若反客为主，则去道远矣，穷矣，殆矣！

谭辞

人常言，自然造化生人。或依进化论，人亦为万物演化之结果。此间消息，虽不能详尽知之，其大端则有地质演化史的证明。以天文年代计数，人类纪肇端不过上百万年。以此比之恐龙时代，不知悬隔多远。人既为来此世之过客，何来主体之论。故云不能反客为主。人若倡主道之说，以人为生灵之长，智慧之本，则自陷于殆也。《正蒙》曰："太虚无形，气之本体。其聚其散，变化之客形尔。"蒙者，坎下艮上。蒙以养正。噫！张子意在明客道，以正人之蒙耶？

3.40 天下与世界

天下者,天下人之天下。世界者,世界人之世界。天下同体,人人同体;世界与共,人人与共。达天下之共识,成世界之共生,实为人类文明之前景,大同之希望!

人若论大同理想,常常遇冷眼,遭讥讽。小我之人,身心所限,所求不过眼前之利,所忧不过此生之虑。从个人处论,一生一世,如白驹过隙,似不干他人。世人抱自利主义,遂为常态。自大我视之,天下群生,世界多国,实为一大共体,无人能自我隔限。文明绵延,观念丛生,制度相异,主义纷然,莫衷一是。信息时代,天下相应,世界共鸣,命运共生,概莫能外。去自利之陷溺,除观念之偏执,以共体之思,引导天下,共筑和平安全之社会,大同世界,曙光必现。怀天下之心,抱世界之志,大同可期,文明可进,可不欢欤?

3.41 纲常之道

天地以经纬辨识之，社会以礼法制度之，人生以仁义长养之。经纬之道、礼法之制、仁义之性，不过天地、社会、人生之纲常。

谭辞

天地运转，复杂奇变，姿态万千。人以经纬标识天地转动，见其运行之规律，以期得生命之位置。在日月的流转和循环中，人日渐得天地消息，递次与天地相参。社会为人群之巨大组织，构造之复杂，关系之扭结，非有礼法规范，则一日无以为继。人生类此。人若不懂仁义之道，不行仁义之行，则心身不安，命运多舛，虽有延续，亦不过糟糕人生的样式耳。学者有云：生为物纲、义为人纲、民为政纲。诚哉斯言！

3.42 行为与作为

道语

行为者，存在本然之常。作为者，存在勉然之功。行为者常态，作为者功态。

谭辞

行为乃为人之常态。人于庸常日用之际，举止无间，行为无尽。视听言动，无一刻不在发生进行之中。行为绵延，不论动静语默，皆是人生本然的显相。行为若能入自觉之途，便可超越个体之自发。自觉行为若有好的结果，便是个体自主的作为。作为是个体努力的结果。有作为者，乃属于事功之范围。故此，行为者人之日常样态，作为者人之努力样态。

3.43 和与平

道语

和者生，平者治。和而有谐，平而有安。万物和、人事和、族群和，则世界和，天下平其治也。

谭辞

人与人之间，彼此若无温和对待之姿态，遂生出无诚、无信，继之则有相争、相夺，种种冲突、矛盾与混乱便丛生不已。个体之间缺少和气，积之既久，对立相抗之势渐积，带来群体之间的压迫。族群生乱象，国家则难以治理。一国骚乱，则可致世界局势动荡，平安的状态便难以企及。世间万象，杂乱不堪，欲得和平的秩序，稳定的事态，非有平治之力，祥和之势，则不可得也。天下万邦协和，万事协治，万物协进，则天下平其治也。

3.44 游戏与人生

道语

人生本非游戏,若以游戏待人生,则人生化为游戏,实属可叹。游戏本非人生,若视人生为游戏,则游戏主宰人生,实属可悲也。

谭辞

游戏可助人放松形骸,愉悦精神。孩提之童天生皆懂游戏,此快乐身心的途径。成年之人,若陷溺于游戏,以游戏为人生常态,则其人生便被游戏。人以游戏待人生,人生便多有荒诞,此可叹者也。人以人生本是游戏,人生便无正剧的上演,此可悲者也。现代技术,以资本为驱动,攻人性之弱点,精心钻研,制作游戏,大肆传播,其侵蚀、损毁人类无邪的本性,实为人类文明发展的悲剧。

3.45 面目之道

面目之面,给人以总览之象。面目之目,给人以焦点之象。视人之面,可知其为人的总貌。睹人之目,则可知其人内心的世界。

谭辞

社会交往,人人皆需要通过照面,由陌生而至熟悉。初次相见,面目之印象殊为关键。面相者,人内心世界活动的外显。常言谓之相由心生。然人有强作欢颜、伪作哀戚时,颜面与内心不一。眼目为面相中唯一可环动者,眼神、眼光难于作伪。心口不一者易,心目为二者难。孟子曾言,存乎人者,莫良于眸子。眸子不能掩其恶。面目可憎者,其面必然惊悚,其目也必闪烁。

四　学之道

4.1 读书之道

道语

　　读天地自然之书,俯仰四顾之间感悟宇宙万物之道;读社会人事之书,学思躬行之际体悟历史人生之道;读文字报刊之书,翻检查阅之时领悟思想文章之道;读心理灵魂之书,修身养性之中了悟生命智慧之道。

谭辞

　　人需达观,细察天地,漫观万物,读其奥妙,会其变化。人非万物之灵,人要以万物之子之心,面向自然,面向万物。人本群居,故此要熟谙人和人、群体和群体、个人与群体的相处之道。永久和平、永续发展乃人类自古至今,孜孜以求之社会理想。孩提之启蒙,学校之教育,至终身之学习,均需阅读文字报刊之书。文字所载者,人类无数贤哲精神之累积也。有人在,便有人之心理灵魂活动在。读心理灵魂之书,最关键者在于打通人类自我认识之道路,疏通人类通向智慧、理性、自觉之途程。此四类书,非相互悬隔,乃本然一体也。感悟、体悟、领悟、了悟,亦是生命悟性之显发,不可执一端耳。

4.2 读书之境

道语

少年读书人月相窥,中年读书人月相望,老年读书人月相伴。读书非入境界不可也。

谭辞

观堂所谓读书有三重境界,其论鞭辟入里。少年人读书,难入门禁,窥得园中花草,便有欣喜欢乐状。此时不过读书种子初萌发尔。少年人观月,有窥视之态,不解月光从何而来,只知雀跃欢呼。岁月留痕,沧桑不已,中年人已经熟晓自然人生社会迁变之态势。坐望明月,岁逝月不迁,感慨油然,生千古之叹。生命轮回,无人外之。黄昏暮年,虽有雄志,然心不能待。伴月而读,不过一心境耳。老年人读书,玩味其中,如台上弄月,人生已近通达状。无此,则未入读书境界也。清人有论,"读不尽架上古书,却要时时努力。做不完世间好事,必须刻刻存心。"亦是一种读书境界。

4.3 世事人情

道语

　　世事本非学问，明者方可致之；人情原非文章，达者才能著之。

谭辞

　　世事纷扰，无尽期也。人生绵绵，无止日也。人能够于世事回环中，学思明辨，入学问之途。学而时习之，日有三省，实乃世事之大端。明此，即可近学问，得学问，积学问，传学问，不明者，终陷于学问之荒地。人情百态，无尽形也。人生如如，无穷极也。四肢百骸，五官七窍，皆因情而动。动而有变，变而有定，定而有显。人情发动，必有文采，必有章法，此皆文章之源。融通人情，可得文章之妙道。故云，山水乃大地之文章，文章乃人情之山水，言其达耳。

4.4 史学与哲学

道语

学史学者当先为社会发展明方向,次为个人生存求经验;学哲学者当先为个人生命求安顿,次为社会前途谋理想。

谭辞

史学以明为第一要义,哲学以安为第一追求。历史本人类变化本然之迹,非可以掩饰造作也。然遮掩闪烁之史,其实亦是历史之一斑。研究史学,先要对社会发展之大方向有明确的认领,如秩序与进步、和平与发展、民主与自由、公平与正义等。此等社会价值均需人类经验之累积,故史学有莫大之责任。哲学本为无端无涯之思辨,积之既久,遂生形而上之无尽的探掘与攀登。于此之际,人常忘却生存之大地,失却生命安顿之基础,堕无明玄虚之境。故此立论曰,哲学当先求安顿,后立理想,因哲学本有超然之势也。

4.5 乱与治

道语

乱世无需格言,强力决断以图快进;治世可循格言,柔心思虑以图缓进。

谭辞

观过往历史之变,社会之演,莫能够脱出一治一乱之轮回。处乱世,当以求保全生命为要务。乱世不可久,故雄才大略者自草庐中起,其有决断之心,快进之志,无需浸浸然于格言警句也。其行事即为格言之所指。平治之世,秩序重建,道统再续,人心思稳,社会求定,故需以柔心思虑为要。社会演化之途,循渐进之序,不可常有突进之态。于缓进中,寻策略,定方针,故此需格言要义为引领。

4.6 经典与学术

道语

学术当求经典,其精神方能存久;经典最赖学术,其华章方可明人。学术之有经典是真学术,经典之蕴学术是真经典。

谭辞

学术乃人类精神活动之讲求的端底,是人类经验与理性追求的痕迹之留存。存之既久,累积成文化经典。因有此经典,后世学术自其枝桠结节处再生,精神文化之流渐至洪大也。先秦诸子仰赖六艺之学,希腊先贤注目史诗残篇,文化之源由此而来。学术精神依赖文化经典的创造。经典之再生,又促进学术思想不断衍生。既为经典,不可滥竽。经典者非自号也,乃积久于人心也。故云,有经典的学术方为真学术,有学术的经典方为真经典。要之,经典即学术,学术即经典。

4.7 善教与拙教

道语

善教于无形,岁月迁逝愈久,则影响人心愈深;拙教于有形,春秋移转愈长,则作用人心愈浅。

谭辞

因材施教,有教无类,为教育之本。无形之教,非谓不着形迹。教之道,贵在本于教,以教为体,教之方为其次。教之法则,教之导引,不在固有之模式。或云以心教,则岁月迁延,可入人心,此为善教。只求立教之法则,寻教法之调试,以求应人心之变,驾驭人心,反失人心之本。此为拙教。时空转移,则去人心远矣。教之道,贵在得人心,入人心,引人心,塑人心。子曰:诲人不倦,教人不厌,何有于我哉?此诚谦善之言也。

4.8 藏书与教书

道语

善藏书者不若善读书,善读书者不若善著书,善著书者不若善注书,善注书者不若善教书。能教书者善莫大焉。

谭辞

古人云:书非借不能读也。此言读书之心境,要在迫切。无求新知之心,无忧古今之志,于书则无观也。藏书者可有功于文化之传承,然善藏书者不为藏,乃在乎用、在乎读。读书破万卷,为有下手处。勤读善思,笔墨耕耘,著书遂成一志业。江山代有才人,能著书者无可穷尽。然文化世代演进中,有核心恒久价值之追求,非可以骤然生变。即令网媒时代,人性之本未现大变化,人之固有追求亦不会有大转向。书籍经典,洋洋大观,荟萃人类演进之常道。注释经典,索得文化之精髓，乃真可得进步之阶梯。然著书还需能教书。教席常温，乃传道之门径。读书人窥得门径，入得堂室，便能传承文化之常道，人能于此，则积善成德，荣幸之至焉！

4.9 大人之学

大学乃大人之学也，大大之学也。入大学当求学之博厚远新，以确立宽大深闳之规模。如此，大学方成就大人之境界与功夫。

古今中外莫不有大学之理念，大学之设置。《大学》以明明德为要旨，三纲八目实为人类理想追求张本，以成大人之业。大人即成人，求成人之道，必待大学之熏染，此即大大之学。学业无止境处。大学之教与学皆要得博厚远新，以此为育人之津门。学之能大，则可为学人立下宽大深闳之基础。有此基础，则成规模之事业方有建立之可能。现代大学之始，博洛尼亚大学之设，亦在于此。大人之境界与功夫，能够于大学中养成，则为大学教育之盛事。

4.10学习之道

道语

　　学习者,先学后习,因学成习。学中养习,习中进学。学者成教,习者成人。

谭辞

　　学自儿童时始,亦是人生之始也,故云学在先。子曰:学而时习之。此为《论语》开篇之论,可见人生之学在夫子心中之地位,不可不警之也。习有数飞之本义,鸟之飞翔,因振翅凌空而需习之。此可喻人之学亦当如此,学之不已,习之不断。学非一线性过程,养习自可以增进学问、成就学问。学之道与教之道,不可分离。善学者自能善教,善教者必自善学。学之道与人之道,亦为一体。善人必趋善学,善学培植善人。船山谓习成而性与成。此习当不离学,不离教也。

4.11 教诲之道

道语

教诲之道,乃在于不厌不倦。教诲时当常反省之,有反省即有真诚,有真诚方能造就趋于完善之人。教诲之道难矣哉!夫子犹不敢自比。

谭辞

教者,上施下效也。诲者,养草育苗也。二者皆从内心出。不厌乃可以直面之,不倦乃可以持守之。孩提之童,好奇之心,好动之性,潜能所藏,难以知也。能不厌不倦,非有真诚之心不可。真诚需常反省,省视心思检点行为,既为方法之调适,亦为本体之依托。成人之道,贵在真诚。人于教诲中,日见真诚,日习真诚,则可趋于完善之道。此事最为世间难事。孟子曰:教亦多术矣,予不屑之教诲也者,是亦教诲之而已矣。其间反躬,犹在耳侧,能不慎乎?

4.12 大学与大气

道语

大学者乃自由之殿堂，当做成大气之学问，养成大气之精神，育成大气之人才。

谭辞

大学因文明发展进步而生。大学不只为累积传播创造知识建，大学更为人类精神之自由展现设。自有大学以来，人类精神火光如烛焰般闪耀于宇宙。大学充盈大气之神态。大学之学问非止于一科一学，乃在求整体文明之驱动。学问之大气为大学立足之基础。大学涵蕴大气之精神。精神之能乃生命之源头，养得一派大气精神，大学可有明烛引路之效。大学求自由下手处在培育大气之人才。文明之社会，人人能入大学，人人得以造就。马克思氏所梦寐之人之自由全面发展即在眼前矣。

4.13 大学之觉解

道语

大学,是生命觉解的开始;大学,是青春起舞的地方;大学,是人才炼就的熔炉。

谭辞

大学即社会,社会即大学。人类因大学而有通向文明进阶之可能。何出此论?大学开启生命。大众人生,自觉之途,天性秉之者少,皆需教养化育。大学之熏染,变愚为智,出暗到明,生命觉解可肇端焉。大学为青年之聚集,青春舞动,绽放无穷之生命力。觉解者生命之能也,舞动者生命之力也。生命能力发动,人人皆可成就,大学实为炼人的熔炉也。《道德经》曰:"天地之间,其犹橐籥乎!"

4.14 教与爱

道语

教育是爱心的付出与守候。教育之爱犹如春雨润心,夏风遣凉,秋月映华,冬阳送暖。没有爱就没有教育,没有爱的坚持就不会有好的教育。

谭辞

教育是爱的艺术。人心自能成长,然其间变化必待教育之滋养。教育者教化培育也。知识之教不在传授,而在变化人之气质。人才之养成,需培植基础,以促能力之提升增进。自然万物,随春夏秋冬运转而生生不已。四时之变,乃自然化育之力。教育之爱,乃社会养育之功。天地生物而爱物。人心有爱的付出与守候,则于教化培育中见功效。爱心可感人,可动人,爱之教育为最上乘之教育。爱之教育,虽为理想,然终究为人类社会进步之途,文明之阶。

4.15 快乐之教

道语

教育要让所有人成为有爱心、有智慧、有能量、有喜悦的人。快乐教育是生命之本。有了快乐，爱心、智慧、能量才能至最大之效应。

谭辞

教育源自人类彼此的爱。人类繁衍，众庶不齐，相怜相惜，爱心遂生。然爱心发动之途，不可执于一端，其间需要智慧、能量之发挥。智慧求开化，能量求蓄积。在学习教育的途程中，不断增进智慧，提升能量，是人生命成长的方向。若教育不能予人以快乐，则失生命之本。生命为自由，自由之旨在快乐。能快乐则生命可以放松打开，接受智慧与能量。故曰，快乐之爱的教育是花开果结的教育，为最高境界的教育。

4.16 心性双修

道语

教育是人心的成长，更是人性的成长。教育是打开知识、美德、智慧滋润人心的通道，是提升真理、德性、能量完善人性的境界。心性双修，才能臻于教育之完美。

谭辞

人心有知觉运动，其感在内，其应在外。人性乃生命本体，无状无相。教育学习能够增进人心的知觉运动能力。其最终目的乃在于培植人性成长的土壤。人心之知觉运动，必依靠领会知识，养成美德，生成智慧。此三者乃人心成长之要津。人心成长当落在人性养成之上。求知识为真理，养美德为德性，生智慧为能量。三者相应相成。人心与人性可得双修也。心性双修，无前后，无轻重。一如教育学习同步而进，无可分也。常人只是见人心发动，不计人性本体耳。

4.17 文学与科学

道语

文学感性而主观,源于生活高于生活;科学理性而客观,源于生活用于生活。

谭辞

文学之想象,源自对感性生活之切己的观察与体认。文学家非得有对生活的真切感知和理解,才能够有真确的文学创作。文学之作,又非单纯地映照现实,而是取生活之骨干,以文学之多种方式演示之,其间多富主观创造之势。此所谓文学源于生活高于生活。科学之演化,必赖其有用。科学之思维以理性为线,其求客观可见之事实为要。科学亦可富于想象,然不可抽空人类现实生活之诸要素。此所谓科学源于生活用于生活。

4.18 大道医世

道语

医世者大道,医国者大政,医人者大爱。以仁心医,世道不衰,国政不息,人情不泯。

谭辞

大道煌煌,亘古今,越时空。世事迁延,不离大道。大道者,仁道也。行仁道,则去乱世,得治世,世间人事皆能安平处置。国政昏乱,人事不齐,仁政必不继。拯危国,去劣政,仁政为良方。疗人之病患,须感同身受,爱人如己。病患虽不能除尽,医者之心亦可安也。救民于水火,须同体相求,念兹在兹。水火虽不能常免,治世之策却可续也。仁人者,为天地之心。大医之道,即仁心之道。人人发仁心,施仁爱,行仁政,践仁道,则世有善道,国有善治,人有善行。

4.19 文学与世界

道语

文学在世界之外，世界在文学之内。

谭辞

文学者文化之学、人文之学。文学描绘、书写之世界，虽有其本然之形态，然终究已经抽离此世界。文学所想象、虚构之世界，已然为现实世界之外的世界。世界虽有千种姿态，万般变化，亦不过文学世界之一斑。文学无论取主观，抑或客观之态度，皆可全观此现实世界。世界者有往世、现世、来世，有显界、隐界、交界，此又可演为无尽之世界。无穷之世界，皆为人眼中之世界，亦为文学中世界。世界是文学之源头，文学是世界之变相。文学与世界本相生耳！

4.20情与文

道语

情正而后理定,理定而后辞畅,辞畅而后文成,文成而后情彰。

谭辞

文章之道,感于人情之抒发,出于事理之辨正。情发以正,不以邪辟,则可以应于思绪,合于事理,著于简册。文辞之作,当以明晰为要。明晰者,条畅顺达,情真意实,无矫饰做作,无荒诞乖离。虚辞浮文,虽能掩一时之失,终不能免无情之害。有情而不能明达,虽辞丰句采,亦是无物,亦难以传意抒情。情发于文辞,辞彰于事理,理化于人心,情文相匹,呼应成趣,华章乃成。《文心雕龙·情采》曰:"情者文之经,辞者理之纬;经正而后纬成,理定而后辞畅。此立文之本源也。"

4.21 顺听之道

道语

顺听于父母,乃人生幸福之根基。顺听于师长,乃人生前途之津梁。

谭辞

此处所论顺听者,重在人之初长期。父母者,孩提生养的开始。父母创造生命,皆有人生的欢喜,故其于孩童有无限之爱。父母之爱于日常教养中,渐次显出。孩提之童,顺听父母,承接亲爱,便可以免除诸多无端的争执,亦不会堕入叛逆之途。生活的幸福之门就能敞开。古人亦云:天下无不是的父母。孩童入学,遇见师长。师长之教导均以人类文明与知识为内容,无私意,无选择,无功利。顺听师长,既可获得知识的累积,也可引致德性的增进。生命之前途便能够通达而坦荡。忤逆父母,为人生之大不幸。悖逆师长,乃人生之大可悲。此二者,可不慎与?

4.22 师者之道

道语

师者之道,亲而不溺,和而不同,威而不猛,严而不苟。

谭辞

教化传承为人类发展之第一等事,人类走向完善之第一阶梯。人无教化,不能离野蛮之道,不能进开花之途。师者之使命盖重要若此。师者非专注教化养育之职责,则不可促成教育之开展,不可推进教养之实现。为师之道,旨在让孩提之童增进知识、德性和快乐。师生相处,师道为先。师道之要,在于适度。举止亲切,不失于溺。此师道之亲也。辞气和善,不见于同。此师道之和也。威而有信,不在于猛。此师道之威也。严谨有条,不求于苟。此师道之严也。《礼记·文王世子》:"师者也,教之以事而喻诸德者也。"

4.23 大学与浪漫

道语

生命有感性之需，更有理性之求。大学立于知识之典藏，兴于文明之弘扬。人类精神之兴发与浪漫，最能够展现于大学也。人类最浪漫之地，乃大学也。

谭辞

文明更化，知识创新，无不为人生提供更为恰切的满足。感性生活乃人生的基础，却不是人生的全部。人得感性和物质生活的支撑，必要寻理性和精神生活的深造。大学为人类文明创造的杰作。人于青年勃发之时机，受大学教育之点化，储备知识，锤炼才能。大学之教育若果能够兴发青年之精神，唤醒精神浪漫的想求，则必定能够使青年人得到融冶。此季精神的浪漫，为人之全面的浪漫，可表现为求得学术之真理，造就实践之才干，养成灵魂之超越。诸如此类，不可限定。子曰："兴于诗，立于礼，成于乐。"唯此之谓与？

五 德之道

5.1 正财之道

道语

　　钱非身外之物,但不可执著不放;财是义正之财,便可以自如配享。

谭辞

　　常言道钱财乃身外之物。殊不知人为求钱财,总有执着不放,乃至于以性命相换者。人为财死,鸟为食亡,恒为市井之相。人生世间,自有经济交往以来,喜多惧少,近富远贫,为人心之常态。故此,人有求富贵利达之志,无需诘讶。钱财得之有道,用之适途,则无夜半心惊之理,有坦荡配享之福。子曰:言寡尤,行寡悔,禄在其中矣。《大学》更有德本财末、财聚民散之论。儒者良言苦语,谨志记焉。

5.2 义财与外财

道语

　　敬财神或得义财,义财方能源清水活;拜金钱或得外财,外财定会源枯水竭。

谭辞

　　人崇拜财物之心,非自古而然。私有等级观念起,人之占有财物之手段难以尽述。拜物之心,转而为拜财神。财神不过一偶像,人世间财富异化之身耳。拜神者或可得财富,拜金者亦有获利时。其财若为义财,则可持之久,如活水然。其财若为外财,则必不能久,如枯水然。义财者,系人之辛劳付出,血汗功夫。义财源于义行,义行者端正之人也。人于义利之间取舍适当,方是义人。故此曰:正其义可谋其利,明其道能计其功。

5.3 生命打开

道语

经商、为官、求学、施教、做事，人生之行止皆要从勉然而至自然；言语、践行、养心、修德、做人，生命之打开皆要由自然而达天然。

谭辞

做事、做人为人生之二端，做好事，做好人，皆需与人交往互通。世间事有千万种，总不离经济、政治、文化之范围。经商、为官、求学、施教诸事，皆要努力付出，苦心经营，此为求事功。事功有成，方是做事的成效。然成事者要顺自然，强力勉然者不过一途耳。世间人有千万态，但不出言行、修养、成人之界域。言语、践行、养心、修德为做人之要，不可或缺一端也。做人要在一诚字。人能诚真无伪，方是自然之态。诚真既久，则物有始终，终于达天然之境地。

5.4 利人与容人

道语

变害人之心为利人之心,改防人之心为容人之心。吾能利人,人则利我,吾能容人,人则容我。此所谓诚者天之道也,思诚者人之道也。

谭辞

常言论人无远虑必有近忧。忧虑之心,人皆有之。人群之肇端本无纷争。孟子曾论私有之念起于垄断。垄断引发争夺,争夺逐于利害。墨子倡兼相爱交相利,以此化解人世之矛盾争夺。天下人心本无大别,利害不过一念之差。人能利人,方可利己,人不利人,难以利己。宽容为人类文明进步之阶梯。人人相容,则天下相容。西人雨果曾言,最高贵之复仇乃宽容。利益众生,宽容万物,乃天地之诚道也,不可不察!

5.5 仁者之要

道语

世俗难离弃,但人心可自在;人心难自在,但人命可抗争;人命难抗争,但人世可坦然。此三者,仁者能之。故仁者可从、可学、可行也。

谭辞

仁人有自在之心态,有抗争之志气,有坦然之胸怀。仁人者,不厌世,其有君子之养,于浊世而不染。世风清正,仁人有位,众生可得自在。世道迁变,灾异突发,人心难料,仁人能抗而争之,不堕于宿命。人命终有限度处,人最难于摆脱者,生命大限。仁人坦然面对,则有高远之境界也。尚仁道,学仁道,行仁道,仁人生存之境地,由生存时空入,经历史时空之转,最后可入宇宙时空也。

5.6 诚信之道

道语

诚信无亏,则百事不纰漏;疑窦有起,则众人皆忧虞。

谭辞

诚者明也,信者守也。诚信者无亏于人,自然无亏于己。此之若月明月亏,应时而然,无可更者。人能如日月之明,则无事有纰漏。疑者惑也,窦者漏也。言辞闪烁,行为首鼠,诚心必失。疑人者人必疑之,信人者人必信之。诚心丧失,信用不守,人人难以相处,更无从自渡也。人心忧虞,万般事难以料理。诚信相待,虽有波折往返,从容行事则不远矣。

5.7 骄奢淫逸

道语

骄生奢,奢生淫,淫生逸,逸则无所处也。

谭辞

骄泰之人眼中无物,因有恃耳。恃才者其实空荡,恃物者其实浅视,恃权者其实失助,恃势者其实狐态。所恃既久,则陷入奢靡。奢靡者用物无度,不思节俭。世间万物,其生也咎,其成也啬,唯其简耳。悖简俭之道,则物不尽其用,人心慢驰,淫费纵乱,无可节也。放逸肢体,怠惰精神,手足无措,人所本有良善之态不在,人事皆废,无所处置也。荀子曾劝诫世人,莫使欲穷于物,物屈于欲。人之于骄奢淫逸能不慎乎?

5.8 福报

道语

现世功名,非真果报;来世功名,方为福报。

谭辞

人生之追求与奋斗可求得功名。然于功名之念不可太过、太苛。自功利主义论,努力与付出必得回报,功名自然不在话下。此等功名不过人生之色彩而已。"三十功名尘与土,八千里路云和月。"此等超越心态一扫对功名的执着与贪求,便可得真功名。功名之得不在现世,现世功名非真果报。佛经云:一善念者,亦得善果报;一恶念者,亦得恶果报。人能于功名之念超越现世之评判,则可得报。来世功名,即超绝功名,即真福报之所在,惟常人于功名念之太深,人性之劣习耳。

5.9 担得誉毁

人前可誉人，但不可过；人前能谏人，方是箴言；
人后不可毁人，出言即过；人后若能誉人，才是君子。
人誉而乐，当惕胸怀是否宽广；人毁而恨，当思心境是
否仁厚。担得毁誉，才是不怕火炼的真人。

西哲有云：语言乃存在之家。此蕴人依语言而生
之意味。析言之，人之言语多有论人处，如得失、善恶、
优劣、成败、赞讥类。凡正面积极之论，皆不可过分。
然箴言谏语，却属于难得。计较毁誉之间，当思心态取
舍以宽厚为度。毁而损，誉而全，均为一厢情愿之态。
人能真诚相待，自然超脱于毁誉。真人有真言，有真
心，心言相应，自然无虞。庄子言，穷达、贫富、毁誉、饥
渴、寒暑，是事之变、命之行也。唯此之谓与？

5.10行礼与行道

道语

礼者本于天地之序,源于万物之理。能识礼即可识人,能懂礼即可懂事,能行礼即可行道。识礼、懂礼、行礼乃成人之要,有礼行遍天下!

谭辞

天地之转运,万物之调适,均有秩序与条理。即使如混沌,细辨其分部,亦有头绪可言。人之于天地万物有体认、理解与把握,礼为其核心观念之一也。人崇拜天地神灵,敬仰圣贤君子,实乃以卑微之姿态,以恭敬之礼貌待之。人行天地之间,处古今之际,要识礼、懂礼、行礼。识礼者,明白识见礼之来源;懂礼者,深知真懂礼之本义;行礼者,循从践行礼之节目。见识念思、行住坐卧、举手投足,皆在礼中,文明世风,教化世界,一目了然也。

5.11 不求不贪

道语

　　不求者不缺,贪求者常缺;贪财物者、贪色相者、贪功名者必欲求之,求之不得则难以安身心,身心不安则反困于贪欲。经云:人相、我相、众生相、寿者相皆是非相,一着非相,便失本相。

谭辞

　　人有欲望,本为常情。欲望过度,必起贪念,生贪心,行贪婪,失却本情常态。贪欲所指,多为财物、色相、功名。人一旦贪婪迷恋此等物事,则身心不能够安定,反此则又困于初起之贪欲。欲念过度,深壑难填,相反相因,无可穷竭。人若注意于身心,求精神能力之成长,则可培植人性能力。于此有追求之念,则无过度之嫌。夫子曾云:"吾未见好德如好色者也。"好德者即为求人性能力之长也。人若有洞见,从精神处求,以高远见识,判财色功名皆为幻相,可脱欲念之羁绊也。古人云:富贵逐世转移,而精神万古如新。

5.12 无名与无忧

道语

名者非不可得，专务于名则陷于俗世之名，不期于名则可得出世之名。人能充无名之心，则无忧也。

谭辞

名本指实，有其实则有其名。名实相应，方为真名。人群纷然，进化日显，逐名务利，渐成世风。人人求名，名实相悖，名过于实，虚饰生焉。得名者，本有其实。假名者，枉有其实。俗世熙攘，远背质朴，虚名引路，人心堕坠。名实之理，实先名后，名重实轻，颠倒错乱，此足以乱名实之相。人以其求事功之心，不务求名利之态，则可得真名。无名者，方为真名。《道德经》云："名可名，非常名。"自形而下言之，此论亦有可鉴之理。

5.13 信与疑

道语

自信信人,自疑疑人;自信者不疑人,自疑者不信人。

谭辞

人之生本于天地之诚道,无信与不信之别。人自孩提,天真烂漫,自信无虞。人伦日化,成德成人,条达通畅,自信满足,自然无疑。自信者于自我有充足之把握,便可信任他人。人人交相信,诚相待,羲皇世界,桃花源里,即在眼前。人人交相疑,伪相从,狡诈营生,躲闪面貌,难归正途。人若生疑,无端揣测,算计设防,狗苟相喘,疑窦丛生,无从相安。疑人则不信人,人则不互信。疑窦相因,无穷无尽,肃杀气象,充斥世道。近人有论:做学问要在不疑处有疑,做人要在有疑处不疑。其信疑之义庶几有道乎?

5.14 正大光明

人处世间有正大之心,光明之行,虽有奸邪乖僻,不可动也。

谭辞

"天地有正气,杂然赋流行。"天地之气贯通流行,无一刻消停处。其气下贯,人形秉赋,烛照乾坤,光华日月。人类文化创造难以脱离人化与非人化之双重境地,此为人类生存所遭遇最大悖谬。因此之故,世间万事参差不齐,其间乖僻奸邪自不可免。人心扰动,放心游形。烛光在前,无所感知,自暴自弃者必有偏离正轨之忧。正大光明之人,处六合之内,其心中正广大,其行磊落无漏,浩然之气存焉,邪僻之事,不可动摇其心,不可拽弋其行。古人云:正气存内,邪不可干。可不深思乎?

5.15 实与公

道语

知得实，行得实，便能知得公，行得公。自公论、公理处发，人便实而无虚，诚而无伪。此乃真人境地。

谭辞

知行为人事之本。知行不论先后轻重，有其知便有其行，有其行必有其知。实者无伪，公者无私。能知真知为实知，能知者能行，真知者真行。实知之人，其知为公，其行得公。知行为公者，自然无虚伪欺诈。如此则公论可立，公理可明。人人舍私入公，以人群整体为念，怀家国天下之心，则普天之下，公理昭著，公心浩荡，小私之态可绝矣。伊川云："天之所以至仁者，惟公尔。人能至公便是仁。"（《外书》卷十二）此诚真人之言，真理之论。

5.16 信人信物

道语

　　自信信人，自信信物。人有自信便能信理之真，信德之善，信事之美，信道之大。有信斯有人，有信斯有物，如是而已！

谭辞

　　人为活动之物。一人之生所依之物众矣。物随人住，全在人之有诚信之品质。人群漫漫，彼此互为一物，故诚信之道不可须臾离也。自信之人能信人，则能得物之举托，此所谓自信信物，信物即有物。世间之物，品类繁众，长短不齐，主客相依。人物相应相生，人以主体之位置，显自信之能，即可得真理、善德、美事、大道。真理在明，善德在仁，美事在和，大道在公，此皆信诚之属。子曰：人而无信不知其可。无信之人无从生也，无信之人无物从也。人物皆一本之道。

5.17仁义平和

道语

无能者愤,无力者怒,无智者烦,无慧者恼;有能者仁,有力者义,有智者平,有慧者和。

谭辞

愤怒烦恼,众生情态之激发。人之遇事待人,生无端愤怒,现无明烦恼,皆当反躬自省。无能无力者,本于自暴自弃,不期修为,不寻上进,待人不能善,处事不能决,愤怒所生,其实枉然。能力不进,智慧不生,陷入无明,烦恼自现。以仁义自修待人,能力可得锤炼,累日渐进。以平和处事接物,智慧可得明通,逐岁渐增。仁义智慧充盈于心,人于此可入平和之境,愤怒烦恼则可渐行渐远矣。《坛经》云:前念迷即凡夫,后念悟即佛。前念著境即烦恼,后念离境即菩提。菩提者亦近仁义平和耳!

5.18 不怨不尤

道语

　　常怀怨尤之心,难得平伏之心境;人能少怨少尤,便有朝前看的气量;人能不怨不尤,便有往前走的气魄。不怨天不尤人,下学而上达,可谓知天乎!

谭辞

　　人生百态,祸福苦乐皆为人之常。心境平伏,非为不动,乃能够自持尔。怨天尤人,将自身之不顺归之于外境,以求投射式的解脱,实属可悲。少生怨尤之心,鼓足向前的勇气,便入光亮的大道。不生怨尤之心,心无旁骛,乐天知命,便无怨尤的根底。怨天尤人,黯淡无神,造罪作孽,悯怜无门。放下身段,舒缓心境,力学知行,敞明通达,立得自家所处的界地,生出众人活泼的世界,真可谓金灿灿的一片光明!

5.19 算计刻薄

道语

人不可算计,算计者寡助,寡助者必陷于不义,不义者不可以久信。人不可刻薄,刻薄者寡恩,寡恩者必陷于不仁,不仁者不可以久处。

谭辞

算计起于比较,比较起于差别。差别之心即离平等。人无平等之念,便已堕入等级的循环。因等级而生轻人之举动,互助和谐之氛围必难造成,其实人人受此祸害。义者以美善之心自持,不义者不信于己,亦难取信于人。人陷刻薄,挑剔他人,不及施恩,远仁道,背人心,无宽容。刻薄之人难以相处,久之必遭唾弃。要之,算计刻薄,皆源于人有机心。机心源于机事,机事源于机械。机心牵绊,头绪万千,虽至其巧,然离质朴,不能长远。古人云:早息机心劳役少,清风明月总赢馀。

5.20 能与仁

道语

能者为仁者，仁者为能者。能者不仅以事举，更以体见。能仁者于心体与性体上显见功夫，不能仁者未达仁之体，于心体与性体上难见功夫。

谭辞

古今圣贤，皆以仁道为念。人以仁义行，国以仁政治，此本众生善养之道，人类福祉之途。观之现实，欺诈瞒骗，暴虐无穷，仁道难尽。其中缘由，乃在于人少能仁者。论人之仁，不在仁，而在能。人人有能仁之心，举事以能，见体以能，则仁道功夫内外皆能显出。心体者，人之言语动作发动之指向，性体者，人之潜能气质积淀之元府。心体与性体皆有能动处，能动为仁，人入仁道，践仁行义，则上下功夫俱全。儒者求居仁由义，实指能仁能义，于此则无患乎人之不欲仁也。

5.21恶语乱言

道语

　　言语之恶，两舌与妄语为最害。两舌者，搬弄是非以乱视听。妄语者，欺瞒诓骗以乱言行。言语之善发自本心，念人之善，全己之真，自有一片清净天地。

谭辞

　　言为心声。人之言语起自本心。心有所动，思虑则发，言语随起。本心动于诚，其始无伪。言辞之善，本乎诚心。心乱则伪起，伪起则远善。颠倒是非之言混淆视听，欺诈瞒骗之语错乱言行。两舌则不诚，恶语则不善。人能本于真心，无生错乱，无意伪饰，人人诚意相待，则胡言乱语无所从生。人能美言善意，暖语真心，羲皇世界在眼前也。

5.22 真人真心

道语

本心之真，为心之本然状；诚心之真，为心之发动状；仁心之真，为心之展开状；公心之真，为心之坐实状。故云，有真心者可谓之真人也。学做真人，乃学存有、显发、转动此真心，此之谓也。

谭辞

人猿揖让，文明更始。人以其心，别于万物。万物是否有心，永为存疑耳。本心为一真实而切实之存在，人若弃置本有之心，则离本然之境。有本心，不能不发动。本心发动，即入诚道，亦为思诚之道。诚心发动，乃人之思虑变化，于本心则为意识自觉。本心自觉发动，乃入仁道之端。仁道者，觉道也。仁道宽大，人心可以舒展。本心、诚心、仁心，一旦落下，即可以成为公心。公心者，公天下之心也。远私心、克私欲、去私念,心中念着天下苍生,便是公心落实处。人能行公心,亦是转私为公,化私入公,公心自然呈显。存本心,思诚心,发仁心,立公心,真人皆能为之。不为者,自暴自弃尔。

5.23 善恶无欺

道语

人善或遭人欺，然天不欺人；人恶或遇人惧，然天不惧人。天力弥满，无疏无漏，弃恶从善，正道恢宏。

谭辞

世俗之人事，本无整齐可言。常人期盼之善人有善报，恶人有恶报，止于主观，非客观之法则。人善或为软弱、谦退、忍让，有惶惑不安时。人恶或为强硬、傲进、抢夺，有盛气凌人时。然计之长远，人之趋善避恶，却为人生之常态。俗语云："人恶人怕天不怕，人善人欺天不欺。"此指明人世间向善之正气从未衰堕，堕恶之朽气难为主流，真铿锵语也！西哲亚里士多德氏亦曾云：人生努力所指向的一切，皆以善为最高的目的。

5.24精诚之道

道语

天地有精诚而不语，万物有化运而不言。人居天地间，处万物中，诚道为本，能发者则几于道也。

谭辞

天地因其久远而诚意无限。天地之面目虽有变化，然而于人的世界却万世如故。于此可言天地之诚精致万端，无可名状。万物化运无方，其默然之势不生变化。万物生灭运化，皆本其迹，少有迁变，此无言之态也是万物之诚意。人处天地万物之间，见诚道，识诚道，发诚道，行诚道，亦是为人的本根。无见识，无发行，不解诚道，则远天地万物，亦远自我根本，立足所在，渐摇动也。《庄子·渔父》曰："真者，精诚之至也，不精不诚，不能动人。"《论衡·感虚》曰："精诚所至，金石为开。"

5.25 慈悲心

道语

　　慈爱者以万物共体,悲悯者视众生同命。人有慈悲心,便能透彻人生之苦乐。

谭辞

　　世事不可预料,人生难以测定。众生于无端绪处神情颠倒,寝食难安。苦楚无尽,搅扰不堪。人之相互慈爱,彼此悯怜,便是慈悲心的发动与显现。慈悲者,心地良善,见万物之不齐而有忧,遇众生之不顺而有虑。万物与我共体,众生与我同命,此乃慈悲悯爱之心启动的根本。此心运动,人物、人我则无间也,其间苦乐迅疾化为幻境耳。故《经》云:"大慈与一切众生乐,大悲拔一切众生苦。"

5.26 自律与他律

道语

　　自觉行道德者,可趋自律之境;被动行道德者,只可入他律之界。他律者,自底线处议;自律者,至理想中论。自他二律合,道德可期也。

谭辞

　　道德之行为乃趋于应然的要求,无必然法定之强制力。人之能行道德,方可证人有被崇敬之品格,有能放光芒之人性,此人物之别的要旨。行道德之难,在人之主体自觉,故称道德自觉乃道德的理想境界。若主体无自觉,被动而行,非出于人性之自然,此种道德只能降至底线处议。人类文明更化步调不一,人群有别,人与人亦有别。在求道德初始的阶段,先有他律,后有自律。人若渐习于他律,养成自律,直至自他二律相谐和,道德生活终于可成为现实。由此言之,道德绝非人类一急迫的事业。

5.27 念之善恶

心能生善念，则能生一切正念；心能祛恶念，则能灭一切邪念。正邪之念，不在生灭，乃能不能耳。

人心有动，即有念虑生。此念消，彼念起，念虑相续，为人心之常态耳。人心所生之念虑，本无善恶正邪之分。人处世间，非孤立之态。我心之变，则有他心之应。他心之变，亦有我心之应。儒者以之为同气相求，同声相应。其本在于心有同然也。然我心与他心何以同应，以其能生善念，能祛恶念也。善念者，可致一切念正。恶念者，可致一切念邪。善念生，恶念便去。正念存，邪念便消。分别善恶，在于人心一点灵明。此灵明在人心之能。心能动那善念，便能祛那恶念。人说吾不能，蒙蔽本心耳。

5.28 仁者与仁觉

道语

　　仁者以天地万物为一体。人之有仁觉，以仁待物，以仁处人，以仁行事，则天地能相安矣。

谭辞

　　天地万物，纷然杂陈，变化万端，无一间隔处。无机世界与有机世界相伴相生，彼此呼应，充实宇宙，生灵肇兴焉。人为宇宙之灵秀存在，人能觉悟，才可得觉醒，生觉解。人之觉悟归之于仁觉。仁者，爱也。爱者，仁也。人赖物而生，故当以仁爱之心待物。物得仁爱，则物华天宝，人杰地灵，钟灵毓秀。人以仁爱处人，于化人中成人，为人道之极也。人之行事，不忘仁爱，则事事相续，有求必应，有感必化。天地间万物相随，仁爱充斥，各自相安也。

附录

《大学》之道：三纲八目诠解

明明德

明明德乃指人心中自有清明之德性。人有此德方可成人。孩提之性本属自然,故需后天之教养。教养之要在培养发明内心之明德。明德从初始之小明渐至大明,乃至光明,此乃德性丰满之道。若有人云,我非有德之人,此辈乃自暴自弃者,非心中不明也。人之有见识,有理性,可明白普通事理,即有明德之基本。《大学》之明明德,有其高明处。此明德既指德性之光明进路,亦指人之各种潜能之进路,如人生技能之成熟,对真理追求之超越,对审美生活之期盼与创造,对人生境界的提升与修为等。故而明明德是对人生完美之道的一种通达。"克明德"即"能明德",此为明德之基本。自明德,乃明德之动力。能明、自明,方为明明德之解。康德曰:人所敬畏者,乃头顶灿烂之星空,心中神圣之道德律。亦是明明德之论。

新 民

　　时代变迁，文明更始，文化递进，人心日演，所归在一"新"字。新与旧非对待之词。新寓于旧，旧中有新。民之更化，随时代而进步，此为历史发展之势。于此，民要有向学之心。然人心沉潜于学，尚在初步。教育之普及，尤其是大学之教育尚难以惠及亿兆百姓。民之难新，亦是常态。几千年来，各民族之民，并未将教育学习置于最重要之位置。求物质之满足，求名利之欲望，盘踞人心。故而孟子辟杨墨，正人心，此事至今犹为困难之事。《大学》之音，空谷回荡，应者寥寥，古训难明，明理难昭。日日新，当以学习和教育为基础。"周虽旧邦，其命维新"，新民之德为邦之要。人只知物质追求与享受，德性之新为其次。新民之难自然可见。君子心忧，故而有"无所不用其极"之论。

至 善

　　至善之道，非纯谓德也。《大学》论止于至善，关键在"止"字。民止于家邦，鸟止于丘隅，乃明人有处身之所。人于当止之处不止，则不如鸟也。自然万物，皆有所止，人亦如是。故而言文王于缉熙敬止。文王于光明处止。田园时代，人人日出而作，日落而息，皆有所止。机器时代，人人狂迷，日夜颠倒，随处而止，即无所止。《大学》论止于仁敬孝慈信，是对人所处社会角色之规范。知所止者不易，《大学》引《诗》以证之。《淇澳》之诗，意在劝人修为，发明切磋琢磨之义，终达盛德之道。民不忘盛德，可谓至善。人知所止，人能敬止，人能盛德，止于至善，则命矣。

格　物

　　人物之别,源于人有自觉的意识和主体的追求。以一种主体存在的方式必然与物产生对待的思想,此便是格物的最初意。格者,以来、至解,即是言物来人之面前,人需辨识,有辨识就有分类,有分类就有处理。于此之际,人俨然为物主。格以纠正、匡正解,即言物须经过人的研究,才能得物之正。此乃人所萌发的对物有所开发的心态,物为人所用,于此可以达到利用厚生的目的。然格也可解为窗格、方格之格。格物者即物各有所格,各有所处。一物有一物之格。人辨识物之所格处,推究之、研究之、变化之,物之本有自在状态,遂转而成与人共生。物之世界融入人之世界,乃成一人化的自为的状态。格物不在坏物,不在役物,更不在随意造物。万物之生本伴人之生,人即万物之所造。物自由来去,无需人为。人随意造物,有无穷之患。庄子论齐物,非指望人能使万物齐。庄子之意,乃在于告诫世人,人本与物相齐,而非高级于物,不可凌驾于物。格物则可致知。

致 知

　　朱子《大学》格物补传,论致知为即物穷理以致知之极。此解似只见致知之果,而未论及致知之因。致知者乃人之本性。希腊先哲云人有好奇之心,希冀探索万物之奥妙,故有求知之强烈意向,此亦可称为爱智慧。人之致知,既有求知物之理,也有求知人之理。物理者自然万物何以生长成遂,人理者人生百态何以元亨利贞。物理得后,可以有恒久之法则,学习之便能够知晓。人理却不然,人虽有知人事变化之规则,但于实践中却未必能行。此之谓自然法则与自由法则之分。自然法则是不变的,自由法则有其不变的价值追求,但实现之却有无穷困难。为人之道其难在于此。致知非仅致自然法则,更须致自由法则。由此逆推,也可知格物非仅格自然万物,也须格社会人事之物。致知在诚意。

诚　意

　　《大学》释诚意，两次言君子必慎其独也。殷殷之切，跃然纸上。诚其意要慎其独。诚意之诚，即《中庸》《孟子》所论之诚，天道人道之本然。人之有行为，必待心理活动之指引。心理活动泛泛云者，即是意。今语意识者，虽专言感觉之外的人的心理活动，但意识之动却不离感觉。诚意即毋自欺。人之意所发动，人人自知。言不知者，或托词，或伪饰。就个体言，每一人皆为一主动的人。其心理意识活动，可以独自发生，有些心理意识活动一发动，即便消失，知道者惟人自己而已。故而有慎独之论。慎独之独非单指一人独处，而指一人独立之身。人虽可以独立，也可以独处，但人之意的发动，却无从遮掩。目视手指皆非自动，而有意支配也。诚中形外，意则诚也。意诚则心正。

正 心

诚意正心本可合一而论。八条目其实相因相成。朱子集注多以两两相论。意以心为本，意亦是心之所发。意诚则心正。此分作两截论，则可见意诚与心正尚有别。意动心随。意诚可致心正，然心正要更加一层功夫。忿懥、恐惧、好乐、忧患已然是心动之显现，而非心意之倾向类。故此，心正之要在心处其所在，心动得其所当。心有邪，心有偏，心有过，心有隐，则不能正。心正者为明，为中，为适，为好。概论之，心能自然发动，与诚意相呼应，便可得正心之要领。

修　身

　　《大学》论修身,所列人之所偏于五者,似专指人
的行为的偏向。此论重点在论身之所动。其论身修
偏于五者,亲爱、贱恶、畏敬、哀矜、敖堕。《大学》传之
十章,有言曰:好人之所恶,恶人之所好,是谓拂人之
性也,灾必逮夫身。是故君子有大道,必忠信以得之,
骄泰以失之。仁者以财发身,不仁者以身发财。此段
论述疑为解释修身,窜入后文耳。人于爱恶之间,有
所偏失,则失修身之要。然修身不止在此。修身当以
正心为基,修身者当与修心、修德相统体。修涵整治、
美好之意。人能于自身有修治之功,则为修身之目
的。修身当合内外,其要在内心之修炼。世俗之见,
多以身之外在为重点,如辞气、举止。其所见者亦是
一偏。

齐家

古语家可指常人之家，也可指士大夫之家。家为人生存之基础，亦是构成社会之细胞。儒者以在世生存为根本，故《大学》曰君子不出家而成教于国。不出家即不离家。君子在家，以孝弟慈治家。孝者事君，弟者事长，慈者使众。儒家主张家国一体。众家成一国，一国护众家。有小家之平安幸福，方有国之平安幸福。齐家为治国，治国在齐家，此之谓也。

治　国

　　人相聚集,遂成都邑。众人之交往,需订立规则,国家乃立,此为人类文明进步之机。治国在国治。国之乱者不在少数,何以由乱进治,去乱得治,无乱而治,为人类一切先贤所殚精竭虑。柏拉图专著有《理想国》。西人继此而后,对理想国之追念从未间断。如千年之国,乌托邦之国,乃至共产之国,不绝如缕。儒家有三世公羊说,设大同世界,孟子有五亩之宅的理想国,老子有小国寡民之说,庄子有乌有乡之论,及至陶渊明写世外桃源,皆是对人类理想的向往。治国在治人,治人在治法。最高法乃在于无讼之法。故孔子曰:吾听讼,必也使无讼乎! 此诚治国或国治之最完美境。

平天下

　　《大学》以格致诚正起，以修齐治平落。起落之间，浑然一体。格致诚正是成己，修齐治平是成人。每一小我皆有成，则心正身修，家齐国治，天下之平指日可待矣。平天下乃使天下安定、太平。《吕氏春秋·贵公》曰：天下非一人之天下，天下之天下也。公天下之心，行天下之道，得天下之平。儒家以天下论大学之道，乃指明人类之习行，不止于学与教。明明德、亲民为止于至善，至善者人类平治之境地。故吾论曰：大学者非仅谓大人之学，实乃大天下之学。天下之大，品类众多，人伦物事，杂然纷呈，以格致诚正引得修齐治平，乃天下之幸甚。以天下为大，家国皆存有于此天下，人人努力，个个奋进，平治天下之势，自可与江河之水，一往无复也。

医 箴

巫彭始作医，妙手著文章。人类之出蒙昧，离野蛮，入文明，非教化无以致之。教化之道，一者在师，一者在医。师者，教之以事而喻诸德也。医者，化之以术而护诸体也。

世之有良医，则有良药良方，健康可期也。从医之道，乃仁术、心术、技术之道也。

医者之仁，在能视人如己，在能视患若身。以爱人之心待人，便是仁心。发此仁心，便有仁术。希波克拉底誓言曰：视彼儿女，犹我弟兄。尽余之力，为病家谋。希氏所倡，悬壶济世，仁心尽显，仁术彰明，亦为医者所遵也。

医者之心，为白衣天使之心。白衣纯洁，天使神圣。医患本萍水而逢，然医者一视同仁，存心救治疾患，助其康复。医者心灵之纯洁，精神之神圣，可不敬欤？佛说救人一命胜造七级浮屠。医者经年累月疗病救伤，何止千万，其心真可日月鉴之！

医者之技，救死扶伤，医护视之为天职。天地生人，基因相传，缺陷难免。天灾人祸，世事杂乱，病患无穷。此病消，彼病生。无尽之病患世界，因医护之技而发生机。防病、辨病、疗病,全身葆真,不可一日无医技也。

　　大医精诚,仁术、心术、技术皆当进于医护之道。良医遍行之日,人间可少痛也。虽有疾患,圣手仍可减除之。故曰:医有善治,天下共郅。